Carlos Gutiérrez A.

Si quieres experimentar... ...en casa puedes empezar con mecánica

SELECTOR
actualidad editorial

SELECTOR
actualidad editorial
Doctor Erazo 120 Colonia Doctores 06720 México, D.F.
Tel. 55 88 72 72 Fax. 57 61 57 16

SI QUIERES EXPERIMENTAR... EN CASA PUEDES EMPEZAR
CON MECÁNICA
Autor: Carlos Gutiérrez A.
Colección: Ciencia para niños

Diseño de portada: Mónica Jácome
Ilustración de interiores: Blanca Macedo

D.R. © Selector, S.A. de C.V. 2004
        Doctor Erazo, 120, Col. Doctores
        C.P. 06720, México, D.F.

ISBN: 970-643-730-4

Primera edición: febrero de 2004

Contenido

Presentación

El movimiento ha inquietado al ser humano desde tiempos ancestrales. Así como a ti ahora te llama la atención el movimiento de las naves espaciales, en la antigüedad los hombres y mujeres se interesaban por el movimiento de los astros, la caída de una manzana, el salto que realiza un sapo y por el recorrido de muchos otros objetos.

Dado que el movimiento es una característica de nuestro Universo, en este libro te introduciremos de manera interesante y divertida en el estudio de la mecánica, que es la ciencia que se encarga de estudiar las leyes que rigen tanto el movimiento como el equilibrio de los cuerpos.

En esta obra encontrarás lecturas interesantes relacionadas con el movimiento y equilibrio de los cuerpos, así como experimentos sencillos con material de bajo costo y fácil acceso. Con algunos de los experimentos podrás sorprender a tus amigos y profesores.

Es cierto que la mecánica es una parte importante del conocimiento científico que todo individuo debe poseer, pero eso no impide que se pueda aprender a través de juegos y de experimentos entretenidos y divertidos. Entre más conocimientos científicos adquiramos, tomaremos mejores decisiones en nuestras vidas en beneficio de la sociedad y la naturaleza.

Se espera que este libro de la colección "Ciencia para niños" contribuya a elevar la cultura científica no sólo de los pequeños sino del público en general.

¿Qué es la mecánica?

Si observamos lo que nos rodea nos daremos cuenta de que vivimos en un mundo en continuo movimiento. Las personas se mueven, los automóviles también, las plantas crecen, la Tierra gira alrededor del Sol, nuestro corazón late, en fin, una gran cantidad de cuerpos se mueve (figura A).

Figura A. Una característica del Universo es el movimiento.

También observaremos que hay cuerpos como los edificios, los monumentos, los puentes y los postes que están en reposo porque están en equilibrio.

Tanto los cuerpos en movimiento como los cuerpos en equilibrio son estudiados por la **mecánica**.

Si quieres saber los nombres de las partes en que se divide la mecánica, coloca las vocales *a* y *e* de manera conveniente en los espacios en blanco.

Cin__m__tic__ Describe el movimiento de los cuerpos sin relacionarlo con las fuerzas que pueden producirlo o modificarlo.

Din__mic__ Relaciona el movimiento de los cuerpos con las fuerzas actuantes.

__st__tic__ Estudia el equilibrio de los cuerpos.

*Figura 2. Los puentes en equilibrio son estudiados
y diseñados por la mecánica.*

¿Qué es la mecánica clásica?

Si quieres saber la respuesta coloca la letra *e* en los espacios en blanco del siguiente párrafo.

Es __l __studio d__l movimi__nto d__ los cu__rpos sobr__ la bas__ d__ las l__y__s d__ Isaac N__wton (1642-1727), __n las qu__ s__ sint__tizan todas las l__y__s qu__ rig__n __l movimi__nto d__ los cu__rpos.

La aplicación d__ las l__y__s d__ N__wton ha p__rmitido:

1) Construir __dificios y pu__nt__s.
2) Inv__ntar automóvil__s, avion__s, barcos y muchas otras máquinas.
3) __nviar nav__s __spacial__s al __xt__rior d__ la atmósf__ra.

La m__cánica clásica d__ja d__ s__r válida cuando las fu__rzas de grav__dad son muy int__nsas (la fu__rza d__ atracción __ntr__ dos cu__rpos d__bido a sus masas) o cuando los cu__rpos viajan a v__locidad__s a la v__locidad de la luz (300 000 000 m/s). La fu__rza d__ grav__dad __s la fu__rza d__ atracción __ntr__ dos cu__rpos d__ bido a sus masas.

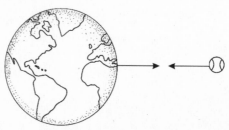

Figura A. Entre la Tierra y una pelota existe una fuerza de atracción debido a sus masas.

Equilibrio

¿Qué es la estática?

Es la parte de la mecánica que estudia el equilibrio de los cuerpos, así como las condiciones de equilibrio de los mismos.

Si quieres saber quién es considerado el padre de la estática moderna, coloca en las casillas en blanco las letras que se unen a ellas mediante líneas.

El padre de la estática es:

M S O I N E T V

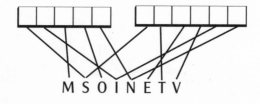

Este científico belga nació en 1548 y murió en 1620

Los puentes se diseñan de acuerdo con las condiciones de equilibrio

¿Qué es el equilibrio?

La mesa de tu comedor está en equilibrio mientras no se mueva; de la misma manera, tu automóvil está en equilibrio si permanece en reposo con respecto a tu casa.

También se dice que si tu automóvil se mueve a velocidad constante es porque está en equilibrio.

a) Reposo (v=0)

b) Viajando a velocidad (v=constante)

Figura A. Un cuerpo está en equilibrio cuando se halla en reposo o cuando se mueve a velocidad constante.

Si quieres conocer una de las condiciones de equilibrio, completa el siguiente párrafo colocando las palabras adecuadas en los espacios en blanco de acuerdo con la clave que aparece al final.

La _____1 de todas las _____2 que actúan sobre un _____3 debe ser_____4. Esto quiere decir que, aunque sobre un _____3 actúen muchas_____2, los efectos de unas son _____5 por otras, de manera que el efecto total es _____6.

Clave:
1- Suma	3- Cuerpo	5- Equilibrados
2- Fuerzas	4- Cero	6- Nulo

¿Cuál es la diferencia entre masa y peso?

Carlos midió la masa y el peso de una bolsa de arroz a diferentes alturas de la superficie terrestre. Sus resultados se presentan en la siguiente figura.

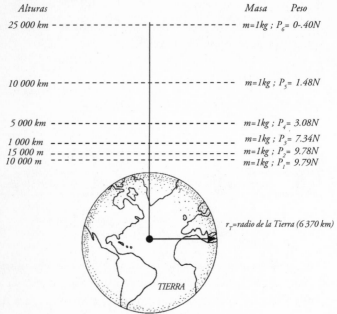

Alturas	Masa	Peso
25 000 km	$m=1kg$	$P_6=0\text{-}.40N$
10 000 km	$m=1kg$	$P_5=1.48N$
5 000 km	$m=1kg$	$P_4=3.08N$
1 000 km	$m=1kg$	$P_3=7.34N$
15 000 m	$m=1kg$	$P_2=9.78N$
10 000 m	$m=1kg$	$P_1=9.79N$

r_T=radio de la Tierra (6 370 km)

TIERRA

Figura A. Masa y peso de una bolsa de arroz a diferentes alturas de la superficie terrestre.

Si tú fueras Carlos, ¿cómo responderías a las siguientes preguntas?

¿Cambia el valor de la masa de la bolsa de arroz con la altura?

A una altura de 25 000 km, ¿cuál será el valor de la masa de la bolsa de arroz?

_____

¿De qué manera cambia el peso de la bolsa de arroz?

_____

¿Dónde es mayor el peso de la bolsa de arroz: a 5 000 m de la superficie terrestre o a 15 000 m de ésta?

_____

¿En dónde es mayor el peso de la bolsa de arroz?

_____

Si un globo aerostático te llevara hasta una altura de 15 000 km, ¿tu masa cambiaría?

_____

¿Tu peso aumentará o disminuirá?

_____

Explicación

La masa de un objeto es la cantidad de materia que contiene. La masa de un cuerpo es independiente del lugar en donde se ubique. Es decir, el kilogramo de arroz se mantiene constante independientemente de la altura a la que se halle. El peso es la fuerza con que la Tierra atrae a los cuerpos que se encuentran a su alrededor. Esta fuerza de atracción se reduce con la altura, o sea que el peso del kilogramo de arroz disminuye al alejarse de la Tierra. El peso de un cuerpo se mide en newtons en honor al científico Isaac Newton.

¿Un punto especial de los cuerpos?

En esta actividad localizarás un punto especial llamado *centro de gravedad*, en el cual se aplica la fuerza de gravedad, o sea, su peso.

Qué necesitas

- Unas tijeras
- Hoja de papel cartón o cartulina
- Hilo cáñamo
- Un clip
- Cinta adhesiva
- Una canica
- Lápiz
- Regla

Qué hacer

- Con ayuda de las tijeras, obtén de la cartulina un rectángulo de 15 cm × 10 cm, un triángulo de 10 cm de lado y una figura irregular, como la que se muestra en la figura A.

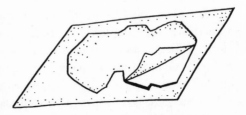

Figura A. Corta con las tijeras la cartulina para obtener el rectángulo, el triángulo y la figura irregular.

- De uno de los extremos del hilo, suspende la canica con la cinta adhesiva y el otro extremo átalo al clip, como se muestra en la figura B.

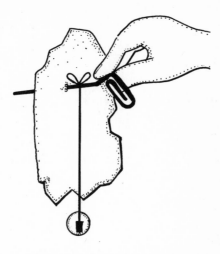

Figura B. En un extremo del hilo ata el clip;
en el otro pega la canica con cinta adhesiva.

- Ahora, haz un hoyo con el clip en la figura rectangular, de manera que dicha figura quede suspendida verticalmente. Marca ahora sobre la figura de cartulina una línea que coincida con el hilo. Repite esta operación en otro punto de suspensión del rectángulo. El punto donde se cruzan las líneas es el centro de gravedad (figura C). Repite la operación, determina en forma semejante el centro de gravedad de las otras figuras.

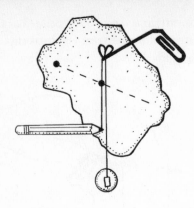

Figura C. Suspende del clip la figura irregular, previa perforación de la cartulina y traza una línea sobre la figura que señale la dirección marcada por el hilo.

- Apoya las cartulinas (cuadrado, rectángulo, etc.) horizontalmente sobre tu dedo en el centro de gravedad, ¿qué observas?; si se apoyan sobre tu dedo en un punto diferente al centro de gravedad, ¿qué observas?

Qué sucedió

Cuando un objeto es suspendido en un pivote sin fricción, su centro de gravedad se encuentra sobre la vertical que pasa por el pivote. De manera que al trazar las dos verticales, las cuales son el resultado de haber suspendido el objeto por dos de sus puntos, se observa que se cruzan en un punto llamado *centro de gravedad*, que es el punto en el cual se aplica la fuerza de gravedad.

Si el cuerpo (cartulina con diferentes formas) se apoya sobre el centro de gravedad como se ilustra en la figura D, se mantiene en equilibrio en forma horizontal.

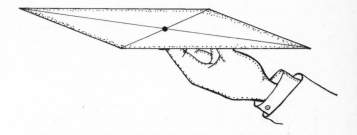

Figura D. La cartulina en forma de rectángulo queda en equilibrio horizontalmente si se apoya sobre el centro de gravedad.

¿Quién fue el primero en localizar el centro de gravedad?

Si quieres conocer el nombre del primer científico en determinar el centro de gravedad de sólidos homogéneos geométricamente definidos, como el cilindro y la esfera, coloca en las casillas en blanco del recuadro que aparece a continuación las vocales A, I, E y E.

Se trata de:

	R	Q	U		M		D		S

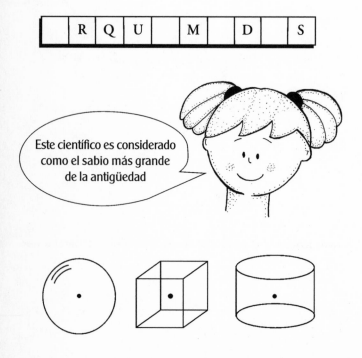

Este científico es considerado como el sabio más grande de la antigüedad

Figura A. En los sólidos geométricos, el centro de gravedad es fácil de localizar.

¿Puede cambiarse el centro de gravedad de un cuerpo si su peso no cambia?

En esta actividad verificarás que es posible cambiar el centro de gravedad de un cuerpo manteniendo su peso constante.

Qué necesitas

- Pluma marca Bic

Qué hacer

- Pon el tapón de la pluma Bic en el lado opuesto al extremo donde se escribe, como se muestra en la figura A.

Figura A. Pluma Bic con el tapón en el extremo opuesto.

- Ahora, apoya la pluma sobre tu dedo índice como se muestra en la figura B. La pluma deberá mantenerse en posición horizontal, sin caerse. Para esto, debes buscar el punto de apoyo; ¿coincide el punto de apoyo con el orificio lateral que tiene la pluma Bic?

Figura B. Ubica la pluma sobre tu dedo de manera que ésta permanezca en equilibrio en la posición horizontal.

23

- El punto de la pluma que se encuentra apoyado sobre el dedo corresponde a un punto colineal con el centro de gravedad de la pluma (figura C).

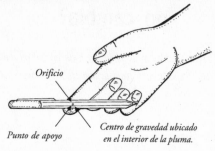

Orificio

Punto de apoyo

Centro de gravedad ubicado
en el interior de la pluma.

*Figura C. La pluma se mantiene horizontal y en equilibrio
si es apoyada en un punto colineal con el centro de gravedad.*

- Tapa con el tapón la pluma y trata de localizar con el dedo el punto en el cual la pluma permanece horizontal y en equilibrio, como se muestra en la figura D; ¿cambió el punto de apoyo?, ¿cambió el peso de la pluma al cambiar el tapón de posición?, ¿cambió el centro de gravedad al cambiar el tapón de posición?

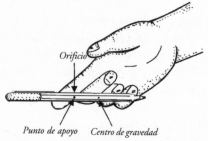

Orificio

Punto de apoyo   Centro de gravedad

*Figura D. El punto de apoyo se
alejó del orificio y se acercó al tapón.*

Qué sucedió

El valor del peso de la pluma se mantiene constante, independientemente que el tapón se encuentre en un extremo o en otro. Sin embargo, el centro de gravedad sí cambia de ubicación al modificarse la posición del tapón. En el caso de la figura C, se halla en el interior de la pluma, a lo largo del orificio de la pluma, y en el caso de la figura D, se encuentra en el interior de la pluma entre el orificio y el tapón, es decir, el centro de gravedad se desplazó hacia el extremo donde se colocó el tapón.

¿El cinturón mágico?

En esta actividad verificarás que un cuerpo está en equilibrio si las dos fuerzas que actúan sobre él son colineales de igual magnitud y sentidos opuestos.

Qué necesitas

- Pluma marca Bic
- Cinturón de piel
- Hilo
- Tornillo

Qué hacer

- Con la pluma tapada, coloca tu dedo en el orificio de la pluma, como se muestra en la figura A. Intenta que se mantenga horizontal y en equilibrio, pero manteniendo el orificio de la pluma sobre tu dedo, ¿lo lograste? Inténtalo otra vez.

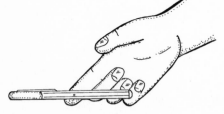

Figura A. ¿Se mantuvo la pluma en equilibrio al colocar su orificio sobre el dedo?

- Si te preguntaran de qué lado debes colocar el cinturón para que la pluma permanezca en equilibrio, ¿qué contestarías?
- Seguramente habrás respondido que del lado contrario al que cae la pluma. Pero si alguien te dice que debes colocarlo del lado que se cayó la pluma, ¿le creerías?

- Pues bien, pon el cinturón del lado donde se cayó la pluma, atorándolo con el tapón como se muestra en la figura B; ¿se mantuvo en equilibrio?, ¿es mágico el cinturón?

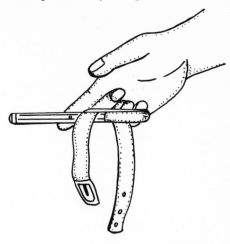

*Figura B. Atora el cinturón con el tapón
y coloca el orificio de la pluma sobre tu dedo.*

Qué sucedió

El centro de gravedad de la pluma Bic tapada no se encuentra a la altura de su orificio, sino más cerca del tapón. Por esta razón, al colocar el orificio de la pluma sobre el dedo, ésta se cae. Sin embargo, al sujetar el cinturón en el tapón y poner el orificio de la pluma sobre el dedo, ésta se inclina un poco, pero no se cae, pues se mantiene en equilibrio.

Antes de ubicar el cinturón, el centro de gravedad de la pluma se encuentra en su interior, pero al sujetar el cinturón el centro de gravedad de la pluma-cinturón ya no está en el interior de la pluma, sino afuera, entre el cinturón, como se muestra en la figura C.

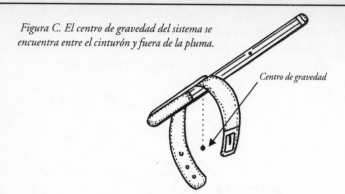

Figura C. El centro de gravedad del sistema se encuentra entre el cinturón y fuera de la pluma.

Centro de gravedad

El hecho de que el sistema pluma-cinturón se mantenga en equilibrio cuando es apoyado por el dedo en el orificio se debe a que el peso es una fuerza colineal que ejerce el dedo sobre la pluma, de igual magnitud y sentido contrario, como se muestra en la figura D. La curvatura del cinturón es la responsable de que el centro de gravedad se desplace hacia el orificio.

Figura D. El peso y la fuerza que ejerce el dedo sobre el sistema pluma-cinturón a lo largo de una línea vertical tienen la misma magnitud, pero sus sentidos son contrarios. Esta situación es lo que lo mantiene en equilibrio.

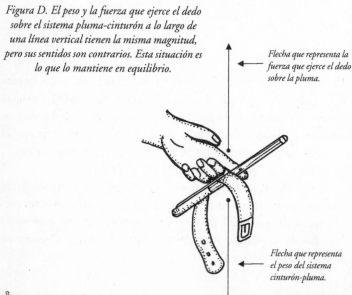

Flecha que representa la fuerza que ejerce el dedo sobre la pluma.

Flecha que representa el peso del sistema cinturón-pluma.

¿Por qué sobresale más una caja que otra?

En esta actividad verificarás que el centro de gravedad de un cuerpo se encuentra más cerca de la región donde está su mayor cantidad de materia.

Qué necesitas

- Dos cajas idénticas de cerillos
- Un taquete de hierro o un pedacito de plomo
- Cinta adhesiva

Qué hacer.

- En el extremo de una de las cajas, coloca —como se muestra en la figura A—, el taquete o pedacito de plomo y asegúralo con la cinta adhesiva.

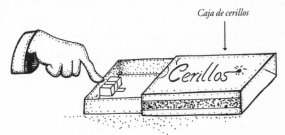

Figura A. Pega el taquete o pedacito de plomo en un extremo de la caja.

- En seguida cierra dicha caja, balancéala en el borde de la mesa, de manera que ésta sobresalga lo más que se pueda sin que se caiga. Ahora toma la otra caja de cerillos vacía y balancéala en el borde de la mesa junto a la otra caja (figura B), de modo que sobresalga lo más que se pueda sin que se caiga. Observa cuál de las dos cajas sobresale más del borde, sin caerse.

29

Figura B. ¿Cuál de las dos cajas sobresale más de la mesa, sin caerse?

Qué sucedió

La primera caja sobresale más del borde de la mesa que la segunda. Esto se debe a que el taquete o el pedacito de plomo desplaza el centro de gravedad hacia donde se encuentra, impidiendo que la caja caiga. En la segunda caja, el centro de gravedad se halla a la mitad, pues su masa está regularmente distribuida, por lo que al intentar desplazarla sobre el borde, un poco más de su centro, caería, pues la fuerza que ejerce la mesa y el peso de la caja, al no ser colineales, no se pueden equilibrar (figura C).

a) No cae la caja

Centro de gravedad

b) Cae la caja

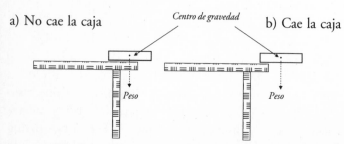

Peso   *Peso*

Figura C. La caja no cae si su centro de gravedad se encuentra sobre la superficie de la mesa y caerá si el centro de gravedad no está sobre la mesa.

Tipos de equilibrio

El equilibrio de los cuerpos se puede clasificar en: equilibrio estable, equilibrio inestable y equilibrio indiferente.

Un cuerpo está en **equilibrio estable** cuando cualquier desviación pequeña de su posición de equilibrio lo hace regresar a ella. Por ende, un cuerpo que tenga una base muy ancha y un centro de gravedad en un punto bajo del cuerpo será estable.

Un cuerpo está en **equilibrio inestable** cuando cualquier desviación pequeña de su posición de equilibrio rompe con el equilibrio. Por tanto, un cuerpo que tenga una base angosta y un centro de gravedad alto será inestable, por esto los camiones de carga muy altos son inestables.

Un cuerpo está en **equilibrio indiferente** cuando cualquier desviación pequeña de su posición de equilibrio lo deja en una nueva posición de equilibrio.

Con el propósito de que identifiques el tipo de equilibrio con las posiciones posibles de una pirámide circular, une con una línea las figuras iguales de cada columna.

EQUILIBRIO	POSICIÓN

31

¿Palillo equilibrista?

En esta actividad comprobarás que un palillo es capaz de soportar en un extremo una cuchara y un tenedor cuando se apoya su otro extremo en el borde de un vaso.

Qué necesitas

- Un tenedor
- Una cuchara de té
- Un palillo
- Un vaso de vidrio

Qué hacer

- Con la cuchara de té en una mano —con la curva mirando hacia adentro— y el tenedor en la otra, traba la cuchara entre los dientes del tenedor, de modo tal que éste y la cuchara queden juntos, como se muestra en la figura A.
- Desliza un extremo del palillo entre el tenedor, como se ilustra en la figura A.

Figura A. Desplaza poco a poco el extremo largo del palillo sobre el borde del vaso hasta que se logre el equilibrio del palillo junto con el tenedor y la cuchara.

• Coloca el otro extremo del palillo sobre el borde del vaso, de manera que se logre el equilibrio. Es probable que necesites realizar varios intentos antes de encontrar en el palillo el punto justo que le permita mantenerse horizontal y en equilibrio. ¿Por qué crees que se logra esto?

Qué sucedió

Para muchos es difícil creer que sea posible mantener los cubiertos y el palillo en equilibrio.

El hecho de que se mantenga el equilibrio se debe a que los cubiertos sobresalen a ambos lados del palillo y con un nivel más bajo de éste. Esta situación provoca que el centro de gravedad del sistema formado por la cuchara, el palillo y el tenedor se encuentre por debajo del borde del vaso y a lo largo de la vertical que pasa por el borde, como se muestra en la figura B.

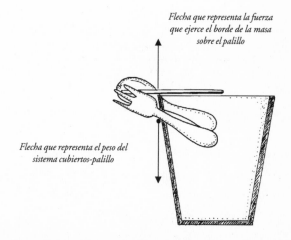

Flecha que representa la fuerza que ejerce el borde de la masa sobre el palillo

Flecha que representa el peso del sistema cubiertos-palillo

Figura B. Los cubiertos y el palillo se mantienen en equilibrio debido a que su peso y la fuerza que ejerce el vaso sobre dicho sistema son fuerzas colineales de igual magnitud y sentido contrario.

Esta actividad te permite comprender por qué los equilibristas de los circos utilizan palos o barras largas que provocan un descenso de su centro de gravedad y con ello un mejor equilibrio, pues si ellos se mueven levemente hacia un lado u otro, su centro de gravedad cambia sólo un poco (figura C).

Figura C. El equilibrio de los equilibristas mejora si utilizan una barra larga. Esto disminuye el riesgo de que caigan.

¿Tenedores equilibristas?

En esta actividad reconocerás cómo se deben colocar dos tenedores sobre un corcho para lograr el equilibrio.

Qué necesitas

- Un corcho
- Dos tenedores iguales
- Una botella de refresco vacía
- Una moneda
- Una aguja
- Unas pinzas

Qué hacer

- Coloca la moneda en la boquilla de la botella.
- Con ayuda de las pinzas, clava una tercera parte de la aguja en el centro de la parte inferior del corcho.
- Realizado lo anterior, clava los dos tenedores en los lados opuestos a la superficie lateral del corcho, como se ilustra en la figura A.

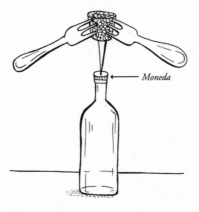

Figura A. Coloca la aguja unida al corcho en el centro de la moneda.

35

- Coloca el sistema formado por el corcho, tenedores y aguja sobre la moneda, de manera que la punta de la aguja se ubique en el centro de la moneda. Una vez que sueltas dicho sistema, ¿cuánto tiempo permanece en equilibrio?

- Desplaza ligeramente hacia abajo uno de los tenedores y libéralo, ¿qué sucede?, ¿el sistema se comporta igual si desplazas el otro tenedor? ¡Hazlo! ¿Se mantiene en equilibrio el sistema?

Qué sucedió

Al poner los tenedores en el corcho, se obtiene un sistema cuyo centro de gravedad se encuentra fuera de los tenedores, del corcho y de la aguja, como se ilustra en la figura B.

Figura B. Al ser los tenedores los que tienen mayor masa y estar inclinados hacia abajo, determinan que el centro de gravedad se encuentre abajo.

El punto de apoyo del sistema se halla en el punto de contacto entre la moneda y la punta de la aguja, como se ilustra en la figura C. Como el punto de apoyo del sistema está arriba del centro de gravedad, el sistema es muy estable, pues al desplazar hacia abajo un tenedor, el otro devuelve el sistema a su posición de equilibrio.

Al desplazar un tenedor hacia abajo, también lo hace el centro de gravedad, pero al lado contrario, de manera que la fuerza que ejerce la moneda y el peso del sistema ya no son colineales, pues se constituyen en dos fuerzas paralelas de sentidos contrarios que tienden a girar el sistema en sentido contrario al giro que se le dio inicialmente. Estas fuerzas restablecen el equilibrio del sistema (figura C).

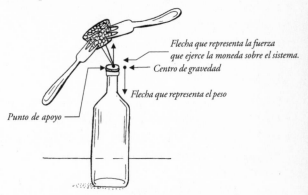

Flecha que representa la fuerza que ejerce la moneda sobre el sistema.

Centro de gravedad

Flecha que representa el peso

Punto de apoyo

Figura C. Al no ser colineales las fuerzas, el sistema tiende a girar para lograr que dichas fuerzas sean colineales y alcanzar así el equilibrio.

Muchos juguetes, como el mostrado en la figura D, funcionan como el sistema corcho, tenedores y aguja.

Figura D. El muñeco siempre vuelve a su posición de equilibrio, o sea, a su posición vertical, porque su centro de gravedad está por debajo de su área de sustentación.

Desafiando el equilibrio

En esta actividad observarás las condiciones en que una regla es capaz de soportar un martillo en equilibrio.

Qué necesitas

- Un martillo
- Una regla de 30 cm
- Hilo cáñamo

Qué hacer

- Forma un lazo con aproximadamente 25 cm del hilo cáñamo.
- Desliza el lazo sobre la regla y ubícalo a dos terceras partes de la misma. Asimismo, coloca en la parte baja del lazo el mango del martillo, de manera que se ubique a la mitad del martillo y procurando que el extremo del mango tope con la regla, como se muestra en la figura A.

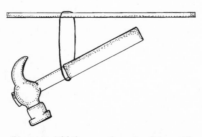

Figura A. El hilo une a la regla y al martillo.

- Ubica un extremo de la regla sobre el borde de la mesa, de manera que la cabeza del martillo quede debajo de la mesa, como se aprecia en la figura B. Para que dicho sistema se mantenga en equilibrio se deberán hacer algunos ajustes, como desplazar el hilo o el martillo o ambos. ¿Por qué no se cae el martillo?

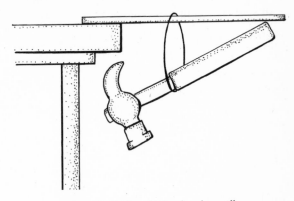

Figura B. Desliza el hilo sobre el martillo
o la regla hasta que logres el equilibrio.

Qué sucedió

El hecho de que el martillo y la regla se encuentren en equilibrio al estar apoyado un extremo de la regla sobre el borde de la mesa se debe a que la fuerza que ejerce la mesa sobre el extremo de la regla es colineal, de igual magnitud y sentido contrario al peso del sistema martillo-regla.

Esto se explica por el hecho de que el centro de gravedad del sistema martillo-regla está debajo del borde de la mesa, muy cerca de la cabeza del martillo, pues el contenido de materia en el martillo es mayor que el de su mango y el de la regla.

¿Caja de cereal equilibrista?

En esta actividad podrás verificar que la estabilidad de una caja de cereal depende de que la línea vertical imaginaria que pase por su centro de gravedad caiga en su base de sustentación.

Qué necesitas

- Una caja de cereal
- Un pedazo de plastilina
- Una tabla de madera de 20 cm × 30 cm o un libro con pastas duras
- Hilo
- Una chinche
- Una regla
- Un plumón
- Un clip núm. 2
- Tijeras

Qué hacer

- Traza dos diagonales en una de las superficies anchas de la caja de cereal, como se muestra en la figura A.

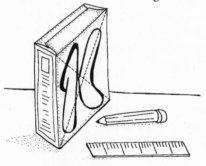

Figura A. Al ser la caja un cuerpo simétrico, el cruce de las diagonales permite tener idea de dónde se encuentra su centro de gravedad.

- Corta un pedazo de hilo cuya longitud sea 3 cm menor que la mitad de la altura de la caja.
- Ata un extremo del hilo a la chinche y el otro extremo al clip.
- Pincha con la chinche el punto donde se interceptan las diagonales.
- Coloca la caja sobre la tabla o libro y sobre cualquiera de éstos pon un poco de plastilina, como se observa en la figura B.

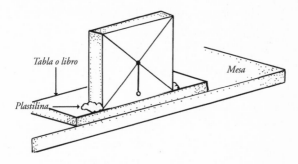

Figura B. Coloca la caja de cereal y la tabla en la orilla de la mesa.

- Levanta poco a poco la tabla o libro por un extremo, manteniendo el otro extremo apoyado sobre la mesa, como se aprecia en la figura C.

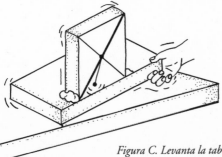

Figura C. Levanta la tabla o libro con cuidado hasta que caiga la caja de cereal.

41

- Observa el hilo mientras se levanta la tabla; de acuerdo con lo visto, ¿qué posición tenía el hilo con respecto a la base de la caja cuando ésta perdió el equilibrio?, ¿qué posición mantuvo el hilo con respecto a la base de la caja mientras ésta guardó el equilibrio?

Qué sucedió

El hilo con el clip, una vez suspendido de la chinche, se mantiene siempre vertical. Conforme la caja de cereal es inclinada, el hilo parece dirigirse a una de sus esquinas. Cuando el hilo deja de pasar por la esquina en que está apoyada, la caja de cereal pierde el equilibrio.

El punto de intercepción de las diagonales permite una idea de dónde está el centro de gravedad de la caja, el cual está en su interior, a la misma altura que el punto de intercepción de las diagonales, como se ilustra en la figura D.

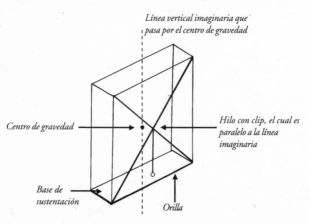

Figura D. El centro de gravedad de la caja de cereal se encuentra en su interior y la línea vertical imaginaria que pasa por dicho punto cae en la base de sustentación de la caja cuando está en equilibrio.

42

Al inclinar la caja de cereal, ésta no perderá el equilibrio si la línea imaginaria que pasa por su centro de gravedad cae en la base de sustentación. Aunque la línea imaginaria no se puede ver, sí podemos ver el hilo con el clip, el cual es paralelo a dicha línea, de manera que se puede asegurar que mientras el hilo no caiga en la orilla, la caja se mantendrá en equilibrio. Pero una vez que cae fuera de ésta, la caja caerá.

Este experimento te permite entender por qué algunos camiones al pasar por una carretera o curva muy inclinada se caen de costado (figura E).

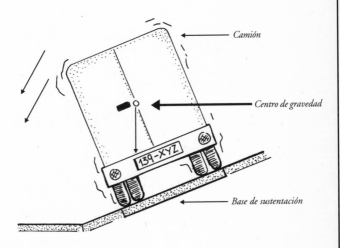

Figura E. Si la carretera está muy inclinada, el camión puede caer debido a que la línea vertical imaginaria que pasa por su centro de gravedad cae fuera de su base de sustentación.

¿Es difícil ponerse de pie si se está sentado en una silla?

Seguramente dirás que es muy fácil, pues es algo que has hecho muchas veces. Sin embargo, ahora inténtalo de la siguiente manera: con el cuerpo y las piernas en posición vertical y sin inclinar el cuerpo, es decir, desliza verticalmente tu espalda hacia arriba sobre el respaldo de la silla, sin inclinar tu cuerpo hacia delante ni lanzar tus piernas hacia atrás, y verás que es imposible ponerte en pie. ¡Compruébalo! (figura A).

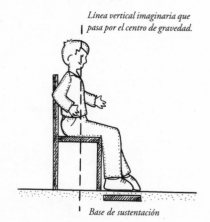

Línea vertical imaginaria que pasa por el centro de gravedad.

Figura A. Intenta ponerte de pie manteniendo tus piernas verticales y sin inclinarte hacia delante.

Base de sustentación

Explicación

El hecho de que no puedas ponerte de pie se debe a que la línea vertical imaginaria que pasa por tu centro de gravedad cae debajo de la silla y no entre las plantas de tus pies y la superficie de sus pies (base de sustentación).

Sin embargo, cuando te inclinas hacia delante, desplazas tu centro de gravedad, de manera que la línea vertical imaginaría cae en tu base de sustentación, lo que te permite ponerte de pie.

¿Puedes levantar un pie sin caerte?

En esta actividad reconocerás que para mantenerte de pie, la línea vertical imaginaria que pasa por tu centro de gravedad deberá caer en tu base de sustentación.

Qué necesitas

- Una pared
- Un amigo o amiga

Qué hacer

- Colócate lateralmente junto a la pared, de manera que tu pie también toque la pared, como se ilustra en la figura A.
- Primero levanta el pie que está pegado al muro, ¿qué sucede?

Figura A. Colócate lateralmente junto a la pared, de manera que hagas contacto con tu hombro y tu pie.

Base de sustentación

- Con tus pies sobre el piso y sin despegar tu hombro del muro, intenta levantar el pie que tienes alejado del muro, ¿lo lograste?, ¿qué sentiste?
- Pídele a tu amiga o amigo que con sus manos se apoye en tu hombro que no está apoyado en el muro e intenta nuevamente levantar el mismo pie, ¿lo lograste en esta ocasión? (figura B).

45

Figura B. Al empujarte, tu
amigo evita que caigas.

Qué sucedió

Cuando estás sobre tus pies te encuentras en equilibrio, ya que la línea vertical imaginaria que pasa por tu centro de gravedad cae en tu base de sustentación. Sin embargo, no logras guardar el equilibrio cuando te paras sobre el pie que está tocando la pared, debido a que la línea vertical imaginaria que pasa por el centro de gravedad no lo hace por tu base de sustentación, es decir, sobre el área del pie en que estás apoyado.

La manera en que puedes mantenerte en equilibrio en dicho pie es que un amigo o amiga te empuje hacia el muro, como se ilustra en la figura B, o que balancees tu cuerpo hacia el pie en el que estás apoyado, de modo que se desplace tu centro de gravedad, para que la línea imaginaria que pase por él caiga en la base de sustentación (figura C).

Base de sustentación

Figura C. Hay que inclinarse para
no perder el equilibrio cuando te
sostienes sobre un pie.

46

¿Es mayor la estabilidad de las aves al caminar que la del hombre?

Tanto las aves como los hombres se encuentran en equilibrio si la línea vertical imaginaria que pasa por su centro de gravedad cae entre el área que existe entre sus patas o pies (figura A).

Figura A. La base de sustentación de las aves y el ser humano al estar de pie se encuentra entre sus patas o pies, respectivamente.

Las aves han sido bípedas desde hace más de 100 millones de años y, de algún modo, están mucho mejor adaptadas a caminar sobre dos extremidades que el ser humano.

Por ejemplo, en el hombre el centro de gravedad de la cabeza, brazos y tronco está localizado en el pecho, muy por encima de las caderas, que es donde se apoya; mientras que en los pájaros el centro de gravedad de la cabeza, alas y cuerpo está debajo de las caderas. Esto, hace que las aves pendan de sus caderas de un modo muy estable mientras que un hombre está en equilibrio muy precario sobre las suyas (figura B).

Figura B. El ave es estable al tener su centro de gravedad por debajo de su cadera.

Precisamente por esta pobre estabilidad de la postura erecta del hombre, se necesita un complejo sistema de control para mantener el equilibrio.

De acuerdo con lo anterior, a la salida del laberinto, encontrarás los seres que son estables al caminar.

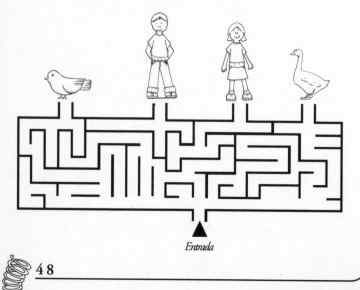

Entrada

¿Si te encuentras sobre tus pies necesitas de alguien que te apoye para no caerte?

En esta actividad verificarás que para mantenerte en equilibrio se requiere que la línea vertical imaginaria que pasa por tu centro de gravedad caiga en tus pies o en el área que hay entre ellos.

Qué necesitas

- Una pared
- Un amigo
- Una amiga

Qué hacer

- Pídele a tu amigo que se recargue en la pared como se ilustra en la figura A.

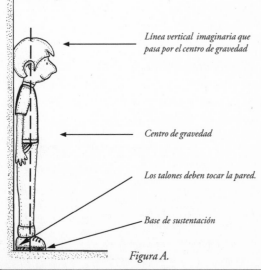

Línea vertical imaginaria que pasa por el centro de gravedad

Centro de gravedad

Los talones deben tocar la pared.

Base de sustentación

Figura A.

- Ahora pregúntale si necesita de alguien para seguir de pie, seguramente te contestará que no.
- A pesar de su respuesta, pídele a tu amiga que coloque su mano sobre el pecho de tu amigo e indícale que aplique fuerza cuando sienta que tu amigo pierde el equilibrio.
- Dile a tu amigo que ponga sus pies paralelos a la pared como se ilustra en la figura B. Ayúdalo para asegurarse de que ambos pies están paralelos a la pared. Durante este proceso, tu amiga debe mantener su mano en el pecho de tu amigo.
- En estas condiciones pregúntale a tu amigo si necesita de tu amiga para no caerse, ¿qué te respondió?, ¿a qué se debe?

Debe estar pegado a la pared.

Figura B.

Qué sucedió

Cuando estás de pie te mantienes en equilibrio si la línea vertical imaginaria que pasa por el centro de gravedad cae en la base de sustentación, pero pierdes el equilibrio si dicha línea cae fuera de tu base de sustentación (figura C).

*Punto donde cae la línea imaginaria que pasa
por el centro de gravedad de la persona*

*Figura C. En el primer caso hay equilibrio,
en el segundo la persona lo pierde.*

¿Cómo diferenciar a un varón de una mujer?

Esta actividad te permitirá establecer la diferencia entre mujeres y varones a partir de su capacidad de equilibrio.

Qué necesitas

- Un lápiz labial o un tubo de pegamento
- Amigos mayores de 11 años
- Amigas mayores de 11 años

Qué hacer

- Pídele a una de tus amigas que se arrodille en el piso, manteniendo sus piernas juntas.
- Solicítale que se incline hacia delante y que toque sus rodillas con sus codos, de forma que las palmas permanezcan extendidas hacia fuera y apoyadas sobre el piso, como se ilustra en la figura A.

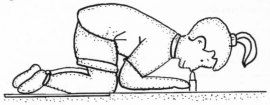

Figura A. Estando inclinada la niña como se muestra, coloca el lápiz labial junto a la punta de su dedo más largo.

- Pon el lápiz labial junto a la punta del dedo más largo de tu amiga, como se muestra en la figura A.
- Pídele que levante su tronco manteniendo sus rodillas en el piso y que entrelace sus manos detrás de la espalda a la altura de la cadera, permaneciendo allí.

- Solicítale que se incline hacia adelante sin desplazar sus rodillas y que trate de volcar el lápiz labial con la punta de la nariz, para después volver a la posición de arrodillada, sin perder el equilibrio y sin usar las manos (figura B).
- Ahora, pídele a tus otras amigas que realicen el mismo experimento y en la tabla de resultados marca con una paloma si lograron tirar el lápiz labial sin perder el equilibrio y con una cruz si no.
- Finalmente, indícales a tus amigos que repitan esta actividad sin hacer trampas, ¿qué sucedió en esta ocasión?, ¿a qué lo atribuyes?

Figura B. Manteniendo las manos entrelazadas en la espalda, que se incline hacia delante y con la punta de la nariz derribe el lápiz labial.

Tabla de resultados

Nombre de amigas y amigos	Derribaron el lápiz labial sin perder el equilibrio

Qué sucedió

Lo que se observa es que, en general, los varones pierden el equilibrio al intentar derribar el lápiz labial con la nariz. Por el contrario, la mayoría de las mujeres puede volver a la posición de arrodilladas después de tirar el lápiz labial.

El hecho de que las mujeres logren realizar esta experiencia sin perder el equilibrio se debe a que su centro de gravedad está más bajo que en los varones, debido a que sus caderas son más anchas.

De manera que cuando la mujer se inclina hacia delante, puede desplazarse más sin perder el equilibrio, siempre y cuando la línea vertical imaginaria que pasa por el centro de gravedad caiga en su base de sustentación (figura C).

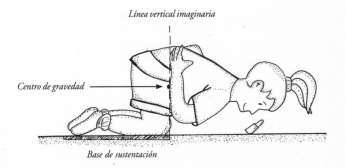

Figura C. Siempre que la línea vertical imaginaria que pasa por el centro de gravedad caiga en la base de sustentación se logrará derribar el lápiz labial con la nariz sin perder el equilibrio.

¿Por qué los marineros tienen la fama de andar con las piernas abiertas?

Muchos marineros al caminar por la calle lo hacen con las piernas abiertas. Esto posiblemente se deba a que adquieren ese hábito al andar sobre el barco con un suelo en balanceo constante, ya que con ello aumentan la estabilidad de su cuerpo.

Es importante señalar que la estabilidad requiere que la línea vertical imaginaria que pasa por el centro de gravedad del marinero no se salga de su base de sustentación, la cual se amplía al separar los pies.

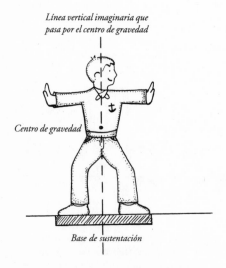

Línea vertical imaginaria que pasa por el centro de gravedad

Centro de gravedad

Base de sustentación

Figura A. Mientras la línea vertical imaginaria que pasa por el centro de gravedad caiga en la base de sustentación, el marinero se mantendrá de pie en equilibrio.

Construye una balanza con un gancho

En esta actividad construirás una balanza empleando un gancho y equipo casero.

Qué necesitas

- Un gancho de metal para ropa
- Hilo cáñamo
- Tijeras
- Dos vasos de papel o de unicel
- Pinzas de corte
- Cinta adhesiva
- Lápiz
- Una hoja blanca
- Pedacitos de cartulina
- Clips
- Objetos para pesar

Qué hacer

- Con ayuda de las pinzas, corta y dobla el gancho como se muestra en la figura A.

Figura A. Los dobleces en ambos lados del gancho deben ser aproximadamente iguales.

- En cada vaso, con un lápiz o con las tijeras, haz dos agujeros en los extremos opuestos y ata los extremos de un hilo de 15 cm a los agujeros. Deberás pasar este hilo por los dobleces del gancho, como se ilustra en la figura B.

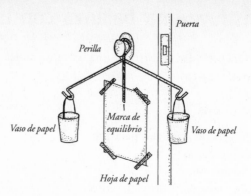

Figura B. Diseño final de la balanza.

- Suspende el gancho de la perilla de una puerta y corta de la cartulina una tira con punta, que deberás pegar en el gancho, como se muestra en la figura B, porque servirá de indicador.

- Pega la hoja de papel sobre la puerta. Marca en la hoja una línea abajo del indicador cuando estén vacíos los vasos y permanezca estático el conjunto. Esta marca servirá de referencia para establecer el equilibrio.

- Al terminar este último paso, ya puedes emplear tu balanza. Para medir la masa de un objeto, colócalo en uno de los vasos y en el otro, si no tienes pesas, puedes poner clips. De esta manera, la masa del objeto la expresarás en clips.

- En uno de los vasos coloca una goma y en el otro varios clips hasta que logres equilibrar tu balanza, es decir, hacer que el indicador coincida con la marca de equilibrio o que quede lo más cercano de esta marca. Registra el número de clips en la tabla de resultados.

- Determina la masa en "clips" para los objetos indicados en la tabla de resultados.

Tabla de resultados.
Masa de los cuerpos expresada en clips.

Objeto	Masa (clips)
Goma	
Lápiz	
Lápiz adhesivo	
Frasco de líquido corrector	

Qué sucedió

La balanza que se construyó es una balanza de brazos iguales, de manera que para que esté en equilibrio se requiere que la masa de un objeto colocado en un extremo sea igual a la masa de los clips puestos en el otro extremo del brazo de la balanza.

En esta actividad se evidencia que la masa de un objeto se puede expresar en función de la masa de otro, como es la masa de los clips.

¿Quiénes inventaron la balanza romana?

La balanza de dos brazos iguales que llamamos romana no fue inventada por los romanos. Se cree que invasores nómadas la llevaron al territorio romano.

Si quieres saber qué cultura antigua inventó esta balanza, encuentra la salida del laberinto.

Cultura Persa   *Cultura China*   *Cultura Egipcia*

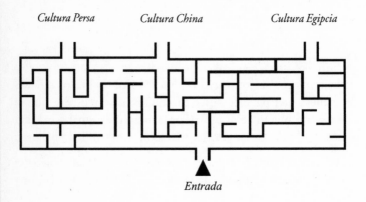

Entrada

La balanza romana fue inventada por:_____

La balanza romana se emplea actualmente en la industria, el comercio y los laboratorios.

La balanza Roberval

En 1670 se presentó la balanza de Roberval a la Academia de las Ciencias de París. Se trataba de una balanza de dos platillos sostenidos por un astil y unidos mediante dos varillas rígidas, con un contra astil que guiaba sus movimientos. Esto, provocaba que los platillos permanecieran siempre horizontales.

Esta balanza fue durante mucho tiempo la más usual en el comercio. Se reemplazó por la Roberval semiautomática y, después, por balanzas electrónicas.

Si quieres conocer el nombre del físico y mecánico que la inventó, coloca en las casillas en blanco las letras que se unen a ellas mediante líneas.

Se trata de:

S E I L G

P S E N O R

De

R O B R L A V E

Este científico francés nació en 1675.

¿Puede un lápiz convertirse en una palanca?

En esta actividad conocerás la ventaja de utilizar una palanca para levantar objetos.

Qué necesitas

- Dos lápices grandes
- Varios libros o una botella de un litro
- Una regla

Qué hacer

- Coloca los dos lápices perpendicularmente entre sí, como se muestra en la figura A.
- Pon tres libros en el extremo más corto del lápiz A que está encima del otro (lápiz B).

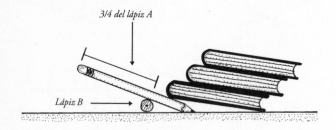

Figura A. El sistema de los dos lápices constituye una palanca.

- Con el dedo índice intenta levantar los libros empujando el lápiz A hacia abajo en diversos puntos. ¿En qué punto tuviste que aplicar la menor fuerza para levantar los libros? ¿En qué punto debiste aplicar una fuerza mayor?

Qué sucedió

El lápiz A apoyado sobre el B se convierte en una palanca. En un extremo se coloca la carga y en el otro la fuerza motriz que logra levantar la carga o fuerza resistente, el lápiz B es el fulcro de la palanca.

Seguramente constataste que es más fácil levantar los libros cuando aplicaste la fuerza en el extremo del lápiz A y tuviste que aplicar una mayor fuerza cuando lo hiciste cerca del lápiz B (eje de giro).

En esta palanca se cumple que el peso de los libros por la distancia que existe entre ellos y el punto de apoyo debe ser igual a la fuerza que aplicaste por la distancia que hay entre el punto de apoyo y el punto donde la aplicaste.

De manera que si disminuye la distancia entre el punto donde aplicaste la fuerza y el punto de apoyo, la magnitud de la fuerza aplicada será mayor que si lo realizas a una distancia mayor del punto de apoyo. Muchos dispositivos cotidianos se basan en el principio de operación en las palancas (figura B).

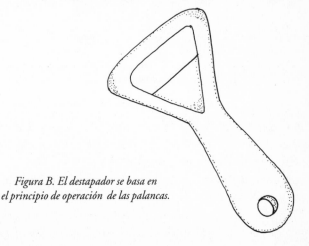

Figura B. El destapador se basa en el principio de operación de las palancas.

61

La moneda equilibrista

En esta actividad comprobarás que una regla colocada en un pivote se puede mantener horizontalmente y en equilibrio si se le pone una moneda en uno de sus extremos.

Qué necesitas

- Una regla metálica de 30 cm
- Una moneda grande (de 10 o 20 pesos)
- Un lápiz, de preferencia triangular

Qué hacer

- Coloca el lápiz de forma triangular sobre la mesa. Perpendicularmente al lápiz acomoda la regla, como se muestra en la figura A.

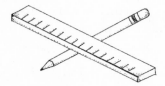

Figura A. Ubica la regla sobre el lápiz de manera que se logre mantener horizontalmente.

- Desplaza la regla sobre el lápiz hasta que logres mantenerla horizontalmente y en equilibrio. En este punto de la regla se encuentra su centro de gravedad.
- Pon la moneda en uno de los extremos de la regla, ¿qué es lo que sucede en estas condiciones?
- Manteniendo la moneda en un extremo de la regla, desplaza poco a poco la regla sobre el lápiz hasta que logres el equilibrio, como se muestra en la figura B ¿El punto de apoyo de

la regla se halla en su centro de gravedad? ¿Cómo se explica que la regla permanezca horizontal con una moneda en un extremo?

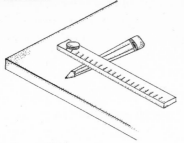

Figura B. La moneda logra mantener horizontalmente a la regla cuando esta última es soportada por un lápiz (o pivote).

Qué sucedió

La regla se mantiene horizontalmente y en equilibrio cuando es soportada a lo largo de la línea vertical que pasa por su centro de gravedad. Si la regla es homogénea, su centro de gravedad está a la mitad de la misma.

Cuando la moneda se pone en un extremo, la regla se mantiene horizontal y en equilibrio si se desplaza de modo que su punto de apoyo se ubique entre la moneda y el centro de gravedad de la regla.

Esto permite asegurar que una niña sí pueda jugar sola en un sube y baja si el punto de apoyo de dicho juego se encuentra desplazado de su centro de gravedad, como se ilustra en la figura C.

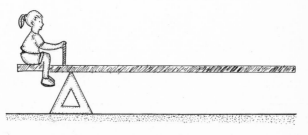

Figura C. Niña jugando en el sube y baja especial.

63

La regla que se autoequilibra

En esta actividad comprobarás que una regla se equilibra si se apoya en su centro geométrico; asimismo, reconocerás que la fricción entre dos cuerpos aumenta cuanto más pesado es el que se encuentra encima.

Qué necesitas

• Una regla de un metro

Qué hacer

• Separa tus manos unos 60 cm con las palmas hacia adentro y pídele a uno de tus amigos que coloque la regla sobre tus dedos índices, de manera que uno quede debajo de la graduación 10 cm y el otro debajo de la graduación 60 cm, como se muestra en la figura A. Hecho esto, intenta desplazar tus dedos al mismo tiempo, ¿qué es lo que sucede?, ¿a qué lo atribuyes? Repite lo anterior situando los dedos índices debajo de la regla como se indica en la tabla de resultados.

• Registra en la Tabla 1 la graduación en la que se juntan los dedos índices.

Tabla 1. Graduación en la que se juntan los dos índices.

Dedo índice izquierdo, graduación (cm)	Dedo índice derecho, graduación (cm)	Se juntan en la graduación (cm)
10	60	
10	90	
40	80	
30	80	

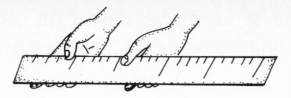

Figura A. ¿En qué graduación de la regla se juntan los dedos al acercarlos?

Qué sucedió

Se observa que los dedos se juntan a la mitad de la regla (centro geométrico), precisamente debajo del centro de gravedad, por lo que se mantiene en equilibrio. El que un dedo se pueda desplazar fácilmente y el otro no se debe a la fricción, la cual es una propiedad que se presenta cuando un cuerpo se desliza sobre otro. Cuando los dedos están separados, soporta mayor carga el dedo que está más próximo al centro de gravedad de la regla. Pero al aumentar la carga, la fuerza normal entre el dedo y la regla también aumenta y como la fuerza de rozamiento depende de la fuerza normal, el dedo que está más cerca del centro de gravedad experimenta mayor rozamiento que el que está más alejado. En estas condiciones, el dedo más cercano al centro de gravedad no se deslizará por debajo de la regla; el único que se mueve está más lejos de este punto. En cuanto este último dedo resulta más próximo al centro de gravedad que el otro, los dedos cambian de papel. Estos cambios se suceden hasta que los dedos se juntan debajo del centro de gravedad, es decir, a mitad de la regla.

¿Cómo se puede desatascar un coche con una cuerda y un árbol cercano?

Puedes pensar que no es suficiente contar con una cuerda para desatascar un coche, al cual seguramente ya empujaste. Sin embargo, el conocimiento científico te permitirá utilizar la cuerda de manera más eficiente para lograr tu propósito.

Ata la cuerda al coche y al árbol (o al poste) de forma que quede tirante. Entonces, por su parte media aplica una fuerza F horizontal y perpendicular a la cuerda, como se ilustra en la figura A.

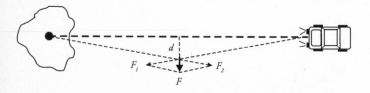

Figura A. La fuerza aplicada F se descompone en dos fuerzas F_1 y F_2, las cuales son mayores que la propia fuerza aplicada F.

De acuerdo con las leyes de la física, la fuerza aplicada F se descompone en dos, F_1 y F_2, alineadas con la cuerda, pero de mayor intensidad que la propia fuerza F. La fuerza F_2 queda anulada por la fuerza que ejerce el árbol, por lo que la fuerza F_1 es la que se aplica al auto y al ser de mayor intensidad que la fuerza F es casi seguro que el auto se desatascará.

Al arrastrarse el auto, la distancia d aumentará con lo que la fuerza F_1 disminuirá; para compensar esto, será preciso tensar otra vez la cuerda y aplicar la fuerza F hasta que el coche se encuentre en un lugar en el que se pueda mover fácilmente.

¿Cuál caja pesa más?

En esta actividad reconocerás que los seres humanos tendemos a interpretar el resultado de acuerdo con lo que esperamos.

Qué necesitas

- Dos naranjas casi iguales
- Una caja chica (pero que en su interior quepa la naranja)
- Una caja grande
- Cinta adhesiva
- Un amigo

Qué hacer

- Coloca cada naranja dentro de una caja, de preferencia la naranja más grande en la caja chica.
- Tapa las cajas y séllalas con la cinta adhesiva.
- Muestra las cajas a tu amigo y pídele que te diga cuál es la más pesada.
- Una vez que te haya respondido dile que levante cada caja por separado y que te indique cuál es la más pesada; ¿cambió su percepción?
- Esto lo puedes repetir con otros amigos.

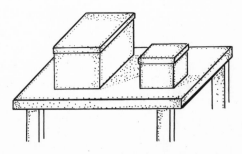

Figura A. ¿Cuál caja es más pesada?

Qué sucedió

Es muy probable que tu amigo te haya respondido que la caja grande es más pesada, ya que la mayoría de las personas piensa que la grande es más pesada. Generalmente es así y en eso influye su percepción.

Una vez que las haya levantado, quizá tu amigo te diga que la caja grande es más pesada y eso se debe que al levantarla, él tensa más su brazo y su mano. Esto efectivamente hace que parezca más pesada.

Las cajas tal vez pesen lo mismo si se considera que en la chica se colocó la naranja de mayor tamaño.

Movimiento

¿Qué es la cinemática?

Es la parte de la ciencia que se encarga de describir el movimiento de los cuerpos, sin ocuparse de las causas que lo producen o lo mantienen, es decir, de las fuerzas.

Pero, ¿qué es el movimiento? Para responder a esta pregunta coloca la letra o en los espacios en blanco que aparecen en los siguientes párrafos:

Se dice que un cuerp__ está en m__vimient__ cuand__ su p__sici__n c__n respect__ a __tr__ cuerp__ t__mad__ c__m__ referencia, cambia al transcurrir el tiemp__.

P__r ejempl__, el aut__ de la figura A está en m__vimient__ c__n respect__ al p__ste, pues al transcurrir el tiemp__, el aut__ está cambiand__ de p__sici__n al alejarse del p__ste.

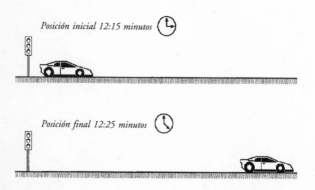

Figura A. Cambio de posición del auto al transcurrir el tiempo.

Tipos de movimiento

En la naturaleza y en la vida cotidiana hemos podido observar diferentes tipos de movimientos, algunos simples y otros complicados.

Los científicos han tratado de clasificar los movimientos de los cuerpos. Un criterio que emplean está relacionado con su trayectoria; o sea, con el camino que siguen durante su movimiento.

De acuerdo con su trayectoria los movimientos pueden ser rectilíneos, circulares, elípticos y parabólicos. Con lo que has observado a tu alrededor, dibuja en los espacios en blanco los movimientos de los cuerpos que tienen las trayectorias que se señalan.

Trayectoria recta

Trayectoria circular

Trayectoria parabólica

Trayectoria elíptica

¿Quiénes eran y qué pensaban del movimiento?

Muchos pensadores se han interesado en el movimiento de los cuerpos desde tiempos remotos; sin embargo, sus ideas sobre éste no siempre han sido las mismas. Si quieres saber los nombres de dos de los grandes pensadores, coloca las letras que aparecen subrayadas en los párrafos —que describen algunos de sus pensamientos— en ese orden en los espacios en blanco de cada imagen.

Filósofo y matemático griego; primero en estudiar seriamente el movimiento de los cuerpos; lo dividió en natural y violento. Pensaba que todos los cuerpos tendían al reposo y estaban bajo la influencia de los movimientos combinados.

Asimismo, aseguraba que los cuerpos pesados caían más rápido que los ligeros.

Físico y astrónomo italiano; demostró que la velocidad de los objetos que caen aumenta continuamente durante su caída. Llegó a la conclusión de que esta aceleración es la misma para objetos pesados o ligeros, siempre que no se tenga en cuenta la resistencia del aire.

¿De cuánto tiempo dispone el portero para detener un tiro penal?

En el futbol soccer muchos partidos se deciden mediante el tiro penal, pero te has preguntado de cuánto tiempo dispone el portero para atajar el balón e impedir que entre a la portería.

Conviene recordar que el balón se coloca a 11 m de la portería, que el jugador es capaz de patear el balón de manera que salga con una rapidez de 100 km/h (o sea, 27.7 m/s) y que el balón se mueve en línea recta con velocidad constante.

De acuerdo con estos datos, ¿de cuánto tiempo dispone el portero para interceptar el balón antes de que entre en la portería?

A la salida del laberinto encontrarás la respuesta.

1.0 segundo   *0.396 segundos*   *0.8 segundos*

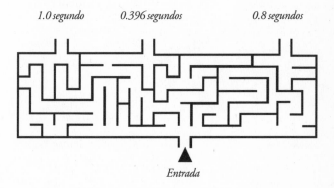

Entrada

El portero dispone de _____ segundos para detener el balón en el tiro penal.

Figura A. Para conocer el tiempo que tarda el balón en llegar a la portería se divide la distancia de 11 m entre la rapidez con que sale disparado el balón al patearlo.

¿Qué tan rápido se corre en las carreras de atletismo?

En el atletismo existen competencias que llaman mucho la atención de los aficionados. Entre ellas se encuentran las carreras atléticas de 100 m, 200 m y 400 m, ya que permiten conocer al hombre y a la mujer que corren más rápido. Las marcas mundiales se dan a conocer en función del tiempo empleado en el recorrido. En las tablas 1 y 2 verás dichos tiempos récord.

Los científicos y jueces de dichas carreras determinan la rapidez media con que corre un atleta mediante la siguiente operación matemática:

$$\text{Rapidez media} = \frac{\text{Distancia total recorrida}}{\text{Tiempo recorrido}}$$

Entonces, para conocer la rapidez con que corre un hombre en la carrera de 100 m se hace la siguiente operación:

$$\text{Rapidez media} = \frac{100 \text{ m}}{9.79 \text{ s}} = 10.21 \frac{\text{m}}{\text{s}}$$

El valor de 9.79 segundos se tomó de la tabla 1.

Siguiendo este procedimiento determina los datos que faltan en las tablas 1 y 2 y registra tus cálculos en los espacios en blanco.

Tabla 1. Carreras de atletismo de hombres

Prueba (metros)	Tiempo récord (segundos)	Rapidez media (metros / segundos)
100	9.79	10.21
200	19.34	
400	43.29	

Tabla 2. Carreras de atletismo de mujeres

Prueba (metros)	Tiempo récord (segundos)	Rapidez media (metros / segundos)
100	10.49	10.21
200	21.34	
400	47.60	

De acuerdo con los resultados, ¿cuál es la mayor rapidez media con que el ser humano puede correr?

_____

¿En qué carrera de mujeres la rapidez media es mayor?

_____

¿En qué carrera de hombres la rapidez media es menor?

_____

Figura A. La mexicana Ana Guevara fue en los años 2002 y 2003 la mejor corredora de 400 m a nivel mundial.

¿Cuánto tiempo tarda un automóvil deportivo en alcanzar la velocidad de 100 km/h?

Los autos deportivos necesitan alcanzar una velocidad alta en un tiempo corto para ganar las carreras; es decir, necesitan una aceleración alta. Muchos de estos autos pueden aumentar, a partir del reposo, 7.31 m/s, cada segundo, hasta alcanzar la velocidad de 100 km/h (o lo que es lo mismo, 27.77 m/s). Si deseas conocer el tiempo que tarda en alcanzar dicha velocidad, encuentra la salida del laberinto.

2 segundos   3.8 segundos   4.2 segundos   6.2 segundos

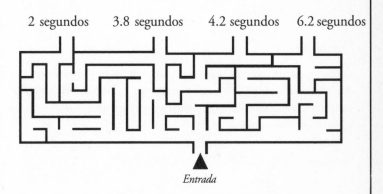

Entrada

Un auto deportivo alcanza la velocidad de 100 km/h en _____

Figura A. En promedio, un auto recorre 53.0 m a partir del reposo para alcanzar la velocidad de 100 km/h.

¿Cómo determinar la rapidez de un auto si el velocímetro está descompuesto?

En esta actividad aprenderás a determinar el valor de la velocidad de un automóvil empleando un cronómetro o un reloj.

Qué necesitas

- Un cronómetro y un reloj con segundero
- Una calculadora
- Un automóvil
- Una carretera

Qué hacer

En la carretera cuando viajes con tus padres o amigos, observa que en la orilla se encuentran los mojones (cilindros pequeños de concreto) a lo largo de ella. Éstos generalmente se hallan cada kilómetro (figura A).

Mide con el cronómetro el número de segundos que transcurre entre dos mojones sucesivos.

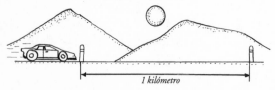

1 kilómetro

Figura A. Los mojones en la carretera se colocan, en general, cada kilómetro.

Divide 3 600 por los segundos medidos en tu cronómetro entre dos mojones. El resultado representa la velocidad en kilómetros/hora con que viaja el automóvil, al suponer que éste viaja con velocidad constante, es decir:

78

$$\text{Valor de velocidad en kilómetros por hora} = \frac{3\ 600}{\text{Tiempo en segundos}}$$

Qué sucede

El valor de la velocidad en una carretera recta se puede determinar mediante la siguiente ecuación:

$$\text{Valor de velocidad} = \frac{\text{Distancia recorrida}}{\text{Tiempo de recorrido}}$$

Si la distancia recorrida es de 1 kilómetro, entonces la ecuación anterior se convierte en:

$$\text{Valor de velocidad} = \frac{1\ \text{kilómetro}}{\text{Tiempo de recorrido}}$$

Si el tiempo de recorrido es medido en segundos y se quiere expresar en horas, partimos del hecho de que en una hora hay 3 600 segundos, de manera que el valor de la velocidad en kilómetros/hora se obtiene de:

$$\text{Valor de velocidad} = \frac{\text{kilómetros}}{\text{tiempo en segundos}} \times \frac{3\ 600\ \text{segundos}}{1\ \text{hora}}$$

Simplificando:

$$\text{Valor de velocidad} = \left(\frac{3\ 600}{\text{tiempo}}\right) \frac{\text{kilómetro}}{\text{hora}}$$

Por ejemplo, si un automóvil tarda 30 segundos en recorrer un kilómetro, entonces viaja 1/30 de kilómetro por segundo. Como hay 3 600 segundos en una hora, en ésta el auto recorrerá $\frac{3600}{30} = 120$ kilómetros, es decir, viaja a 120 km/hora.

Este método es utilizado por los comentaristas de radio y televisión cuando nos dicen la velocidad con que viajan los autos en una carrera.

Cajitas iguales

En esta actividad verificarás que dos objetos de igual tamaño y diferente peso, cuando se les deja caer de la misma altura, tardan el mismo tiempo en hacerlo.

Qué necesitas

• Dos cajas iguales de fósforos
• Seis monedas

Qué hacer

• Llena una de las cajas con monedas, tantas como quepan, sin que se deforme. A la otra extráele los fósforos y déjala vacía. Sostén las cajas una contra la otra, como se muestra en la figura A. Si le preguntas a un amigo cuál cree que llegue primero al piso, ¿cuál crees que sea su respuesta?

Figura A. Sostén las cajas y suéltalas al mismo tiempo.

• Deja caer las cajas de fósforos, sin darles un impulso con la mano. Es importante que las cajas estén perfectamente verticales y no torcidas cuando se liberen desde la misma altura. Observa su caída.

Qué sucedió

Se observa que las dos cajas tocan el piso al mismo tiempo, debido a que oponen la misma resistencia al aire durante su caída, ya que son atraídas a la Tierra con la misma aceleración, por lo que su velocidad, antes de tocar el piso, es la misma sin importar su peso.

La hoja veloz

En esta actividad comprobarás que en la caída libre, al disminuir la resistencia del aire, los cuerpos tardan en caer el mismo tiempo cuando se sueltan desde la misma altura, independientemente de su masa.

Qué necesitas

- Dos hojas de papel del mismo tamaño
- Una pelota
- Una canica

Qué hacer

- Toma las hojas y sobre una de ellas escribe la palabra *veloz*. A esta hoja estrújala para convertirla en una pequeña bola, como se muestra en la figura A.

Figura A. Convierte la hoja normal en una hoja veloz, estrujándola hasta convertirla en una pequeña bola.

- Realizado lo anterior, déjalas caer de la misma altura, al mismo tiempo (figura B); observa la caída de ambas hojas y repite esta experiencia.

- Toma la hoja estrujada, o sea, la *hoja veloz* y la canica; déjalas caer de la misma altura, al mismo tiempo y observa. Repite esta experiencia, pero en lugar de la canica utiliza ahora la pelota.

Figura B. Deja caer al mismo tiempo la hoja veloz y la hoja que no fue estrujada, ¿qué observas?

Qué sucedió

Tanto la canica como la pelota y la hoja de papel hecha bola llegan al suelo al mismo tiempo cuando se dejan caer de la misma altura, debido a que la aceleración de la gravedad es la misma para todos los cuerpos, independientemente de su masa.

Cuando se dejó caer la hoja extendida tardó más tiempo en llegar al suelo, pues el aire quedó atrapado y comprimido debajo de ella. Este aire se opuso al movimiento de caída de la hoja. Al disminuir este espacio en el caso de la *hoja veloz*, al hacerla bola, se redujo el aire que se oponía a su caída.

¿Emplean una moneda y un círculo de papel el mismo tiempo en caer desde la misma altura?

En esta actividad verificarás que en ausencia de la resistencia del aire, un círculo de papel emplea el mismo tiempo que una moneda metálica cuando recorren la misma distancia en caída libre.

Qué necesitas

- Hoja de papel
- Tijeras
- Moneda grande
- Lápiz

Qué hacer

- Con el lápiz y la moneda dibuja un círculo en la hoja de papel, como se muestra en la figura A.

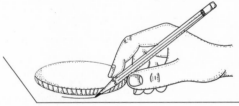

Figura A. Dibuja un círculo sobre la hoja de papel.

- Con las tijeras recorta el círculo de papel, procurando que el diámetro de dicho círculo sea menor que el diámetro de la moneda.
- Deja caer simultáneamente la moneda y el círculo de papel desde la misma altura, como se observa en la figura B; ¿qué observaste?

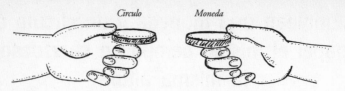

Figura B. Deja caer desde la misma altura y al mismo tiempo la moneda y el círculo de papel.

• Ahora, coloca el círculo de papel sobre la moneda como se muestra en la figura C, y deja caer la moneda ¿qué observas en esta situación?

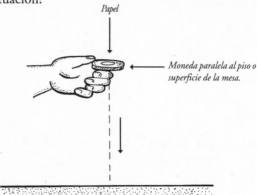

Papel

Moneda paralela al piso o superficie de la mesa.

Figura C. Deja caer la moneda con el círculo de papel encima de ella.

Qué sucedió

En la primera situación, la moneda cae primero que el círculo de papel, ya que la resistencia del aire provoca que la caída del círculo de papel sea más lenta. En el segundo caso caen al mismo tiempo, pues la moneda, al desplazar el aire durante su caída, evita que éste retrase la caída del círculo de papel. El hecho de que empleen el mismo tiempo durante la caída la moneda y el círculo de papel se debe a que la fuerza de gravedad incrementa el valor de sus velocidades 9.8 m/s cada segundo, independientemente del valor de sus pesos.

¿Qué hacer para que un auto alcance una velocidad de 100 km/h en una distancia menor de 40 m?

Los autos deportivos necesitan de una distancia mínima de 53 m para alcanzar los 100 km/h. Los autos sencillos necesitan de una mayor distancia.

Para saber cómo se comporta un auto cuando choca a la velocidad de 100 km/h con una pared firme, el auto es levantado a una altura de 39.14 m y se deja caer. Durante dicha caída el auto alcanza la velocidad de 100 km/h justo al llegar al piso (figura A).

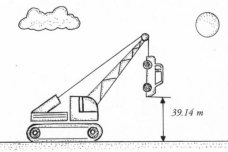

39.14 m

Figura A. Las compañías que fabrican los autos emplean este método para saber qué le sucede al auto al chocar con un muro firme. En esta situación, el auto tiene la misma aceleración que la gravedad.

Si quieres saber cuánto tiempo tarda el auto en caída libre para alcanzar los 100 km/h, identifica la figura geométrica que no se repite en la figura B, pues en su interior se encuentra dicho tiempo.

3.1   1.8   2.8   4.1   3.8

Figura B. ¿Cuál es el tiempo?

El tiempo de caída del auto es _____ segundos.

¿Qué es la velocidad terminal?

Cuando se dejan caer dos hojas de papel, una extendida y la otra apretujada como si fuera bolita, la que llega primero al piso es esta última, porque su forma es más aerodinámica, es decir, opone menos resistencia al aire durante su caída.

Los cuerpos en caída libre en la atmósfera terrestre no logran alcanzar la velocidad que corresponde a la caída libre en el vacío, debido a la resistencia del aire.

Al caer un objeto, gana velocidad, pero la fuerza de fricción que ejerce el aire y que se opone a la caída se incrementa con la velocidad. Esto continúa hasta que el peso del cuerpo es igualado con la fuerza de fricción que ejerce el aire (figura A).

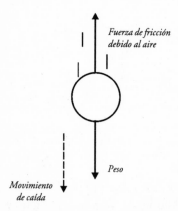

Figura A. Cuando el peso de un cuerpo es igualado con la fuerza de fricción que ejerce el aire, la velocidad de caída alcanza su valor máximo.

En estas circunstancias, el cuerpo alcanza una movilidad máxima o velocidad terminal que es la velocidad que mantiene durante el resto de la caída.

86

Si quieres conocer el valor de la velocidad terminal de algunos cuerpos al ser liberados en la atmósfera, relaciona con líneas las dos columnas cuando las figuras sean iguales.

Cuerpo			Velocidad terminal (metro/segundo)
Gotas de lluvia	🙂	😐	7
Pelota de golf	🙂	🙁	6.5
Esfera de hierro	😐	🙂	30
Pelota de *ping pong*	😕	🙂	10
Pelota de beisbol	🙁	😐	80
Cuerpo humano	🙁	🙁	40
Paracaidista	🙁	🙁	55

¿Qué cuerpo cae con menor velocidad?

_____

¿Con qué velocidad cae el cuerpo humano sin paracaídas?

_____

Figura B. Gracias a la resistencia del aire, las gotas no sobrepasan los 10 m/s, pero si no existiera el aire las gotas caerían con una velocidad de 280 m/s, o sea, 1 008 km/h, haciéndolas verdaderos proyectiles que nos dañarían. ¡Qué bueno que el aire las frena!

¿De qué científico se trata?

Este científico italiano, nacido en 1564 y fallecido en 1642, demostró que los cuerpos sólidos caen a una velocidad independiente de su peso, si se desprecia la fricción, es decir, que una bala de acero de 1 kg cae con el mismo valor de velocidad que una canica de 40 g si lo hacen desde la misma altura. En su libro *De motu*, publicado en 1602, concluyó que la velocidad de caída es proporcional al tiempo.

Si quieres conocer el nombre de este científico, coloca de manera correcta las vocales que se encuentran en el círculo en las casillas en blanco.

Se trata de:

G	L		L			G	L		L		I

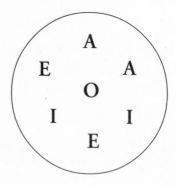

¿Un objeto suspendido apunta en la misma dirección?

En esta actividad comprobarás que un objeto suspendido de un hilo siempre adquiere la misma dirección.

Qué necesitas

- Dos libros o tablas iguales
- Tijeras
- Un pedazo de gis
- Cerillos
- Un clip
- Una tuerca
- Una regla
- Hilo

Qué hacer

- Corta un hilo de 27 cm de longitud y átale el clip en un extremo.
- El otro extremo del hilo átalo a la mitad de la regla.
- Pon en forma paralela sobre la superficie de la mesa los dos libros, de modo que entre ellos exista una separación aproximada de 26 cm.
- Coloca la regla con el hilo sobre los dos libros, como se muestra en la figura A; ¿qué dirección adquiere el hilo con el clip?

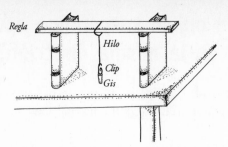

Figura A. Coloca la regla entre los dos libros.

- Debajo del clip coloca un trozo de gis, siempre y cuando el hilo permanezca vertical.
- En estas condiciones recorta el hilo a la mitad y únele el clip, sin mover la regla y el amarre del hilo en ella.
- Ahora, con un cerillo, préndele fuego a la mitad del hilo que suspende al clip, como se muestra en la figura B. Realízalo con cuidado y alejado de cualquier material combustible.
- Al quemarse el hilo, ¿qué observaste?, ¿en qué lugar se impactó el clip?, ¿qué trayectoria sigue el clip en su caída?

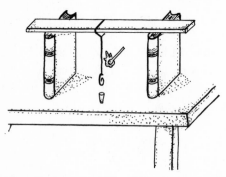

Figura B. Al quemar el hilo, ¿el clip se impacta en el gis?

- Repite todo lo anterior, pero ahora en lugar de colocar el clip pon la tuerca.

Qué sucedió

Al suspenderse el clip o la tuerca del hilo, éste adquiere una dirección vertical. Asimismo, al quemar el hilo, tanto el clip como la tuerca siguen una trayectoria vertical dirigida hacia abajo, lo que hace que se impacten en el gis. Esto ocurre por la fuerza con que la Tierra atrae a todos los cuerpos que la rodean, tiene una dirección que va del cuerpo al centro de ésta, de manera que la dirección de dicha fuerza corresponde a la vertical del lugar, materializada en nuestra actividad por la dirección del hilo. Al ser quemado el hilo, tanto el clip como la tuerca describen una trayectoria recta y vertical siguiendo la línea de acción de la fuerza que los atrae.

Figura B. La dirección de la fuerza con que es atraído un cuerpo se dirige hacia el centro de la Tierra.

¿Con qué velocidad puede llegar una gota al piso?

Mucha gente no tiene idea del valor de la velocidad con que una gota se impacta en el piso y muchos estudiantes, al iniciarse en el estudio del movimiento, suelen hacer cálculos de dicho valor de velocidad, pero al no tomar en cuenta algunos factores sus resultados no son correctos.

La mayoría de las personas piensa que al formarse y caer una gota, ésta se mueve como si estuviera en el vacío, de manera que la velocidad final que desarrollaría sería enorme. Por ejemplo, si inicia su movimiento desde una altura de 15 km, el valor de velocidad que alcanzaría sería cercano a los 2 000 km/h, una rapidez enorme que combinada con su masa nos dañaría y sería imposible caminar bajo la lluvia.

Afortunadamente, la *resistencia del aire* evita el incremento del valor de la velocidad. Durante su descenso, la velocidad de la gota aumenta durante el primer segundo, después se mantiene constante. Por consiguiente, la velocidad final de las gotas de lluvia no es tan grande como si cayeran en el vacío.

Si quieres conocer con qué valores de velocidad se impactan las gotas de lluvia en el piso, coloca los números en los espacios que tienen las mismas figuras que aparecen en la clave.

La velocidad de las gotas suele oscilar entre ☐ y ◯ m/s según sean las dimensiones de las gotas.

Clave:

☐ 2   ☐ 4   △ 6   ◯ 10   ⬠ 12

El astronauta y la caída libre en la Luna

En la antigüedad, la caída libre era un tema de interés. Aristóteles y sus seguidores afirmaban que el movimiento de un cuerpo en caída libre es más rápido en proporción a su peso, esto es, para Aristóteles los cuerpos pesados viajan más rápido en la caída libre que los ligeros.

Siglos más tarde, Galileo Galilei hizo la aseveración correcta: "Si pudiésemos eliminar totalmente la resistencia del medio, todos los cuerpos caerían a igual velocidad."

En 1971, un astronauta estadounidense soltó una pluma y un martillo simultáneamente en la Luna (figura A) y observó que los dos objetos llegaban al mismo tiempo a la superficie lunar, lo que permitió asegurar que los cuerpos independientemente de su naturaleza y peso caen en el vacío con la misma velocidad.

Si Aristóteles hubiera podido observar esta experiencia, de seguro el desarrollo de la física se habría dado con mayor rapidez.

Figura A. Los objetos que se dejan caer en la Luna desde la misma altura caen con la misma velocidad, es decir, llegan al mismo tiempo al piso lunar.

Si quieres conocer el nombre del astronauta estadounidense que dejó caer la pluma y el martillo en la Luna por primera vez, coloca en las casillas en blanco las letras que las unen mediante líneas.

Se trata de:

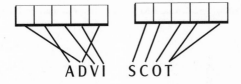

A D V I   S C O T

¿Qué moneda llega primero al piso?

En esta actividad compararás el tiempo que emplea una moneda arrojada horizontalmente con el tiempo que usa una moneda en caída libre desde la misma altura.

Qué necesitas

- Dos monedas iguales
- Dos reglas

Qué hacer

- Coloca una regla cerca del borde de la mesa, como se muestra en la figura A.
- Pon una moneda en el extremo de la regla que sobresalga del borde de la mesa.
- Dale un golpe fuerte a la regla con la otra en el punto que se indica.
- Durante el golpe sujeta el otro extremo de la regla, ¿qué observas?, ¿qué trayectoria sigue la moneda?

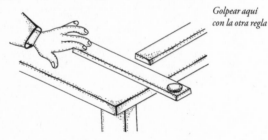

Golpear aquí con la otra regla

Figura A. Al golpearse la regla, la moneda adquiere un movimiento de caída libre.

- Nuevamente coloca la regla cerca del borde de la mesa y pon la moneda en la superficie de la mesa entre la regla y el borde de ésta, como se ilustra en la figura B.

- Dale un golpe fuerte a la regla con la otra en el punto que se indica en la figura B. Durante el golpe sujeta el otro extremo de la regla, ¿qué trayectoria describe la moneda?

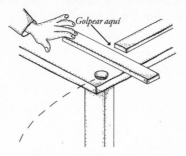

Golpear aquí

Figura B. Al ser golpeada la regla, ésta impulsa la moneda con una velocidad horizontal, lo cual provoca que adquiera un movimiento curvo.

- Otra vez ubica la regla cerca del borde de la mesa, pero en esta ocasión pondrás las dos monedas, como se ilustra en la figura C.
- Finalmente dale un golpe fuerte a dicha regla con la otra en el punto que se indica en la figura C, ¿cuál moneda llega primero al piso?, ¿son simultáneos los golpes que producen en el piso las dos monedas?
- Si no estás seguro de lo que escuchaste, repite esto último.

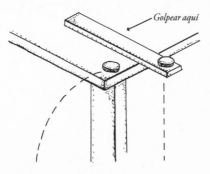

Golpear aquí

Figura C. Al ser golpeada la regla, las dos monedas llegarán al mismo tiempo al piso.

Qué sucedió

La moneda ubicada en el extremo de la regla cae en forma vertical al ser golpeada la regla, mientras que la moneda ubicada entre la regla y el borde de la mesa sigue una trayectoria curva conocida como parábola. Como las dos monedas llegan al mismo tiempo al suelo, el sonido que producen al chocar contra el piso es simultáneo. El hecho de que ambas monedas lleguen al piso al mismo tiempo se debe a que la única fuerza que actúa sobre ellas es la que ejerce la Tierra, pues están sometidas a una misma aceleración.

¿Es fácil atrapar un billete entre tus dedos?

En esta actividad reconocerás que en ciertas condiciones es prácticamente imposible atrapar un billete entre tus dedos.

Qué necesitas

- Un billete
- Una regla
- Un amigo

Qué hacer

- Pídele a tu amigo que sostenga el billete, como se muestra en la figura A.
- Ubica la mitad del billete entre tus dedos índice y pulgar. No debes tocar el billete.

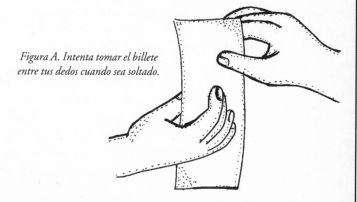

Figura A. Intenta tomar el billete entre tus dedos cuando sea soltado.

- Tu amigo deberá soltar el billete sin avisarte y tú deberás atraparlo, sin mover tu mano hacia abajo, ¿lo lograste?

- Repite lo anterior tres ocasiones más, ¿lograste atrapar el billete?

- Ahora, pídele a tu amigo que sostenga la regla como se muestra en la figura B.

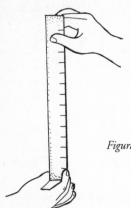

Figura B. Intenta tomar la regla entre tus dedos cuando sea soltada.

- Ubica el extremo inferior de la regla entre tus dedos índice y pulgar. No debes tocarla. Se debe procurar que el pulgar coincida con la graduación cero de la regla.

- Nuevamente tu amigo deberá soltarla sin avisarte y tú atraparla sin mover tu mano hacia abajo. Registra la graduación en la que tu pulgar tomó la regla. Esta graduación corresponde a la longitud de la regla recorrida entre tus dedos antes de atraparla. De acuerdo con esto, ¿cuál deberá ser la longitud mínima de un billete para que lo puedas atrapar?

Graduación en la que atrapaste la regla = _____
Longitud de la mitad del billete = _____

Qué sucedió

La longitud de la regla que pasa entre nuestros dedos antes de ser atrapada es, en general, mayor que la longitud de un billete. Por tanto, es prácticamente imposible tomar un billete si sólo pasa entre tus dedos la mitad de su longitud. Esto se explica en función del tiempo de reacción, el cual es mayor que el tiempo que emplea la mitad del billete al pasar entre tus dedos en caída libre.

¿Cómo medir tu tiempo de reacción?

En esta actividad serás capaz de medir tu tiempo de reacción.

Qué necesitas

- Una regla de 30 cm
- Una calculadora
- Un amigo

Qué hacer

- Pídele a tu amigo que sostenga la regla como se muestra en la figura A.
- Ubica el extremo inferior de la regla entre tus dedos índice y pulgar. No debes tocarla. Se debe procurar que el pulgar coincida con la graduación cero de la regla.

Figura A. Ubica la regla entre tu pulgar y dedo índice, pero sin tocarla con tus dedos.

- Tu amigo deberá soltar la regla sin avisarte y atraparla, sin mover tu mano hacia abajo. Registra en la tabla de resultados la graduación en la que coincidió tu pulgar. Este valor representa la distancia que recorrió la regla entre tus dedos.
- Repite tres ocasiones más y obtén el promedio mediante la siguiente ecuación y registra tu resultado.

$$\text{Distancia promedio} = \frac{\text{distancia 1} + \text{distancia 2} + \text{distancia 3}}{3}$$

Tabla 1. Distancia que recorrió la regla

Distancia	Tú (centímetros)	Amigo (centímetros)
d_1		
d_2		
d_3		
Promedio		

- Sustituye el valor promedio de la distancia recorrida por la regla entre tus dedos en la siguiente ecuación, la cual te permitirá conocer tu tiempo de reacción. Puedes usar una calculadora para obtener el resultado.

$$t = 0.045 \sqrt{d}$$

- El valor obtenido del tiempo se expresa en segundos. Registra tu tiempo de reacción en la siguiente tabla de resultados.

Tabla 2. Tiempo de reacción

Tú (segundos)	Amigo (segundos)

- Repite todo lo anterior con el mismo procedimiento para medir el tiempo de reacción de tu amigo y comparen sus resultados.

103

Qué sucedió

El tiempo requerido para que un mensaje viaje de los ojos al cerebro y luego a nuestros dedos o cualquier otra parte del cuerpo humano recibe el nombre de *tiempo de reacción*.

El tiempo que se emplea desde que uno ve que el amigo suelta la regla hasta que se cierra el espacio entre el pulgar y el índice para tomarla es igual al tiempo de reacción. Este tiempo corresponde al que emplea la regla en recorrer en caída libre una distancia igual a la longitud que marcó entre los dedos antes de ser atrapada.

Como la regla al caer libremente se acelera y recorre una distancia proporcional a la aceleración de la gravedad, la ecuación que relaciona dicha variable es:

$$d = \frac{1}{2} gt^2$$

Si el valor promedio de g (aceleración de la gravedad) en la Tierra es de 980 cm/s^2, entonces al sustituir este valor y despejar el tiempo, para conocer su valor cuando se conoce la distancia d, se obtiene de:

$$t = 0.045 \sqrt{d}$$

Esta ecuación permite conocer el tiempo de reacción. Para la mayoría de las personas, el tiempo de reacción es de 0.2 s. Este valor se incrementa si se han ingerido bebidas alcohólicas.

¿Cuál es el movimiento más rápido que efectúa el ser humano?

Al tratar de responder esta pregunta, el ser humano empieza a analizar cada uno de los movimientos que realiza con los dedos, los pies, las piernas, las manos, la cabeza, la cintura y los brazos y se percata de que dichos movimientos no son tan rápidos como el *parpadeo* o "abrir o cerrar los ojos".

Según los datos aportados por mediciones precisas, un parpadeo dura aproximadamente 400 milésimas de segundo.

Si quieres conocer el tiempo de duración de cada una de las fases del parpadeo, relaciona mediante una línea las dos columnas cuando las figuras sean iguales.

Fase		Tiempo de duración (milisegundos)
Descenso del párpado ☺	☹	Cerca de 170
Tiempo que permanece cerrado el párpado ☹	☺	De 75 a 90
Elevación del párpado ☹	☹	De 130 a 170

Como puede deducirse, un parpadeo se realiza en un intervalo de tiempo considerable, durante el cual el párpado puede hasta descansar.

Una milésima de segundo puede considerarse como un tiempo pequeño. Sin embargo, en dicho tiempo el sonido habrá recorrido en promedio 33 cm y la luz quizá 300 km

Si se jala un cuerpo, ¿se acerca o se aleja?

En esta actividad apreciarás que un par de fuerzas sobre un cuerpo puede producir rotación.

Qué necesitas

- Dos vasos térmicos
- Cinta adhesiva
- Hilo cáñamo

Qué hacer

- Une con la cinta adhesiva los dos vasos por su fondo, como se muestra en la figura A.

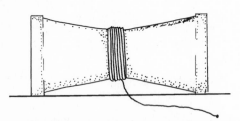

Figura A. Une los dos vasos térmicos por su fondo con ayuda de la cinta adhesiva.

- Ata el hilo a la unión de los vasos y enróllalo varias veces. Ahora coloca los vasos horizontalmente sobre la mesa o el piso y jálalos manteniendo el hilo paralelo a la superficie de la mesa o del piso, como se indica en la figura B; ¿hacia dónde se mueven los vasos?

Figura B. Jala horizontalmente el hilo
y observa el movimiento de los vasos.

• Realizado lo anterior, vuelve a enrollar el hilo en la unión de los vasos y jala, pero ahora en un ángulo de aproximadamente 80°, como se ilustra en la figura C; ¿en qué dirección se desplazaron los vasos?

Figura C. Al jalar con una fuerza que forma un ángulo aproximado de
80° con la horizontal, ¿en qué dirección se moverán los vasos?

Qué sucedió

Un par de fuerzas consiste en dos fuerzas paralelas, iguales y opuestas, aplicadas en puntos diferentes del cuerpo, el cual tiende a girar el cuerpo, como se muestra en la figura D.

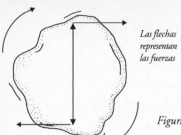

Las flechas
representan
las fuerzas

*Figura D. El par de fuerzas le provoca
al cuerpo una rotación.*

En el caso de los vasos, el *par* que está actuando en la primera experiencia es como se aprecia en la figura E. Una fuerza corresponde a la que ejerce el hilo cuando lo jalas y la otra es la fuerza de fricción entre los vasos y la superficie, en la cual están apoyados y tiende a oponerse al desplazamiento de éstos.

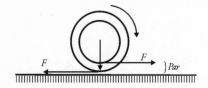

*Figura E. El par hace girar los vasos en el sentido
de las manecillas del reloj.*

En la segunda experiencia, el *par* que actúa sobre los vasos se ilustra en la figura F. En esta ocasión, una de las fuerzas corresponde a la fuerza que ejerce el hilo sobre los vasos y la otra al peso de los vasos.

Figura F. Este par *de fuerza hace
girar los vasos en sentido contrario a
las manecillas del reloj.*

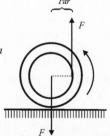

En la segunda experiencia, el *par* de fuerzas hace girar los vasos en sentido opuesto a la primera experiencia.

Es importante señalar que al jalar el hilo desde la posición mostrada en la figura G, no se provoca rotación en los vasos, porque la línea de acción de la fuerza aplicada pasa por el punto de contacto de los vasos con el piso o la mesa. En esta situación, cuando son jalados los vasos, éstos se deslizan a lo largo de la superficie sin girar. Verifica esto.

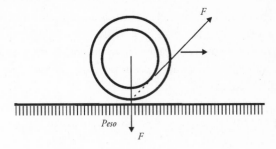

Figura G. Cuando se jalan los vasos, no rotan, sólo tienen un movimiento de traslación.

¿Por qué las moscas vuelan igual en el aire en reposo que en el interior de un autobús en marcha?

Para que las moscas y los mosquitos vuelen igual en el aire en reposo que en el interior de un autobús se requiere que éste se encuentre en reposo o moviéndose en línea recta con velocidad constante.

De acuerdo con las leyes de la física, el comportamiento de los cuerpos es el mismo si están en un sistema como el autobús, y dicho sistema se halla en reposo o moviéndose en línea recta a velocidad constante.

Gracias a este comportamiento, las personas pueden jugar *ping pong* y billar igual en tierra firme que en los barcos que se mueven sin cabeceo.

Si quieres saber qué científico fue el primero en señalar que las leyes de la física no se alteran en el interior de los cuerpos que se mueven en línea recta a velocidad constante, coloca las letras que aparecen en las fichas de dominó en las casillas en blanco, de manera que en la primera casilla se ponga la letra que aparece en la ficha con un punto.

Se trata de:

I A L L O E G

¿Es posible tomar con la mano y sin daño alguno una bala disparada en movimiento?

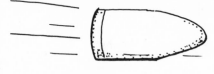 Se sabe que a un avia-
dor francés, durante la
primera guerra mun-
dial, cuando volaba a una altura aproximada de 2 000 metros,
le ocurrió que junto a su cara se movía un objeto pequeño.
Pensó que era algún insecto y haciendo un ágil movimiento
con la mano, lo tomó. Cuál sería su sorpresa cuando se dio
cuenta que se trataba de una bala de fusil alemana.

Es cierto que las balas alcanzan una velocidad inicial de
900 metros por segundo, pero también es cierto que debido a
la resistencia del aire cada vez viajan más despacio, hasta obtener
una rapidez de 40 metros por segundo antes de empezar a
caer. De acuerdo con este último dato, lo que hizo el aviador sí
fue posible, ya que las naves de esa época podían viajar también
a 40 metros por segundo, o sea, que, en un momento dado, la
bala resultaría inmóvil o casi inmóvil en relación con el piloto.
Por tanto, al piloto pudo tomarla fácilmente con la mano. ¿Por
qué debe tomarla con un guante?

Para responder esta pregunta, coloca en el siguiente párrafo las palabras faltantes en los espacios en blanco de acuerdo con la clave que aparece con el recuadro:

El _____[1] se debe colocar _____[2] para tomar la _____[3], pues debido a la _____[4] entre el _____[5] y la _____[3] en movimiento, la _____[6] de ésta suele ser muy _____[7]; si la toma sin _____[2] se _____[8].

Clave:

1. piloto	5. aire
2. guantes	6. temperatura
3. bala	7. alta
4. fricción	8. quema

Péndulo I

En esta actividad reconocerás la relación entre el periodo de un péndulo y su masa.

Qué necesitas

- Dos lápices
- Hilo cáñamo
- Una regla
- Cinta adhesiva
- Dos clips
- Cuatro rondanas o arandelas

Qué hacer

- Toma un lápiz y pégalo con cinta adhesiva sobre la superficie de la mesa, de manera que la mitad quede en el aire.

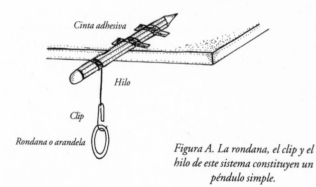

Figura A. La rondana, el clip y el hilo de este sistema constituyen un péndulo simple.

- Recorta 70 cm de hilo y ata un extremo a la parte del lápiz que sobresale, el otro extremo únelo al clip ligeramente abierto, como se muestra en la figura A, y coloca una rondana a dicho clip.

- Repite lo anterior para tener dos péndulos, pero en lugar de colocar una rondana en el clip, pon tres rondanas.
- Con los dos péndulos cerca, separa el clip de cada péndulo aproximadamente el mismo ángulo de su posición de equilibrio, manteniendo el hilo tenso, como se muestra en la figura B, suéltalos al mismo tiempo y observa.

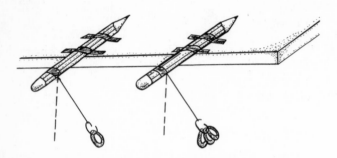

Figura B. Separa al mismo ángulo los dos péndulos de su posición de equilibrio y libéralos al mismo tiempo.

- Si el periodo de un péndulo es el tiempo que emplea en repetirse el movimiento, entonces el periodo de nuestro péndulo es el tiempo que emplea el clip en regresar al punto donde se liberó (figura C).

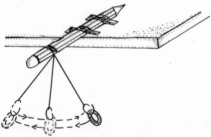

Figura C. El movimiento que realiza el clip junto con la arandela en el péndulo al partir de una posición alejada de su posición de equilibrio y regresar a la posición de donde fue liberada recibe el nombre de oscilación.

114

- Vuelve a alejar los dos clips de su posición de equilibrio de los péndulos y libéralos manteniendo el hilo tenso; ¿sus periodos son iguales?, ¿influye el número de rondanas (su masa) en el periodo del péndulo?

Qué sucedió

Se observa que los dos péndulos tienen el mismo periodo, ya que el tiempo que emplean los clips y las rondanas es el mismo al regresar a la posición donde se liberaron. Esto quiere decir que el periodo de un péndulo no depende de su masa (en nuestro caso del número de rondanas). Algunos relojes son accionados por péndulos, debido a que su periodo es constante.

Péndulo II

En esta actividad reconocerás la relación entre el periodo de un péndulo y su amplitud de oscilación.

Qué necesitas

- Un lápiz
- Un transportador
- Hilo cáñamo
- Una cinta métrica
- Cinta adhesiva
- Un clip
- Dos rondanas o arandelas
- Un reloj con segundero o un cronómetro

Qué hacer

- Toma un lápiz y pégalo con cinta adhesiva sobre la superficie de la mesa, de manera que la mitad quede en el aire.
- Recorta 70 cm de hilo y ata un extremo a la parte del lápiz que sobresale y el otro extremo únelo al clip, el cual debe estar ligeramente abierto, como se ilustra en la figura A, y coloca dos rondanas en dicho clip.

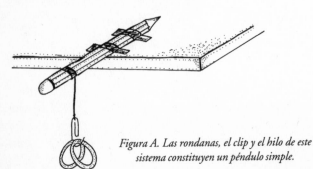

Figura A. Las rondanas, el clip y el hilo de este sistema constituyen un péndulo simple.

- Separa el clip junto con las rondanas manteniendo el hilo tenso, de modo que forme un ángulo de 10° con respecto a su posición de equilibrio. Para medir este ángulo, pide a un amigo que ubique el transportador en el lápiz, como se aprecia en la figura B.

Este ángulo corresponde a la *amplitud de oscilación* del péndulo. A partir de que se libere el péndulo, otro de tus amigos o amigas que accione el cronómetro o el reloj para determinar el tiempo que emplea el péndulo en efectuar 10 oscilaciones. Registra este valor en la tabla de resultados. Divide dicho tiempo entre 10 para conocer el periodo de oscilación del péndulo y registra el valor obtenido en la tabla de resultados.

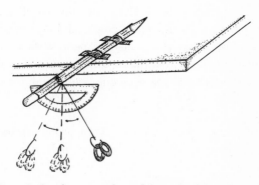

Figura B. Con el transportador mide la amplitud de oscilación del péndulo.

- Mide el tiempo que usa tu péndulo en efectuar 10 oscilaciones para los ángulos indicados en la tabla, calcula el periodo de oscilación para cada ángulo y registra tus resultados en la tabla de resultados.

Tabla de resultados

Amplitud de oscilación (grados)	Tiempo para 10 oscilaciones (segundos)	Periodo (segundos)
10°		
20°		
30°		

- Al analizar la tabla, ¿qué deduces?, ¿el periodo es el mismo? Si existen diferencias en el periodo del péndulo para las diferentes amplitudes de oscilación, ¿a qué lo atribuyes?

Qué sucedió

El tiempo empleado para las 10 oscilaciones del péndulo debe ser el mismo para las diferentes amplitudes de oscilación, ya que desde el punto de vista teórico el periodo de un péndulo es independiente de la amplitud de oscilación, es decir, el periodo tiene el mismo valor, aparte de que la amplitud de oscilación varíe.

Las diferencias que existen se deben principalmente a los errores que se cometen al medir el tiempo con el reloj o cronómetro.

La medición precisa del periodo de oscilación ha sido utilizada para detectar yacimientos de petróleo o mantos acuíferos; por ejemplo, si el periodo de oscilación de un péndulo resulta ser mayor en una región que en sus alrededores es posible que en dicho lugar exista agua o petróleo bajo la superficie.

Más sobre el péndulo

En esta actividad reconocerás que el periodo de un péndulo depende de su longitud.

Qué necesitas

- Un lápiz
- Un transportador
- Hilo cáñamo
- Una cinta métrica
- Cinta adhesiva
- Dos rondanas o arandelas
- Un reloj con segundero o un cronómetro
- Un clip

Qué hacer

- Toma un lápiz y pégalo con cinta adhesiva sobre la superficie de la mesa, de manera que la mitad quede en el aire.
- Recorta 40 cm de hilo y ata un extremo a la parte del lápiz que sobresale y el otro extremo únelo al clip, el cual debe estar ligeramente abierto para enganchar dos rondanas, como se ilustra en la figura A.

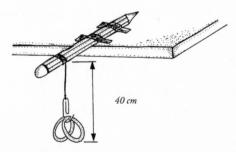

40 cm

Figura A. Las rondanas, el clip y el hilo de este sistema constituyen un péndulo simple.

- Separa el clip junto con las rondanas manteniendo el hilo tenso, de modo que forme un ángulo de 15° con respecto a su posición de equilibrio. Para medir este ángulo, que un amigo ubique el transportador en el lápiz, como se muestra en la figura B.

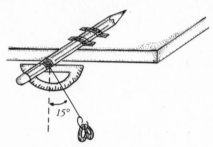

Figura B. Con el transportador mide la amplitud de oscilación del péndulo.

- A partir de que se libere el péndulo, otro de tus amigos o amigas que accione el cronómetro o el reloj para determinar el tiempo que emplea el péndulo en efectuar 10 oscilaciones. Registra este valor en la tabla de resultados. Divide dicho tiempo entre 10 para conocer el periodo de oscilación del péndulo y anota el valor obtenido en la tabla de resultados.

- Repite lo anterior para las longitudes indicadas en la tabla de resultados. Es decir, determina el periodo de oscilación para diversas longitudes del péndulo.

Tabla de resultados

Longitud del peéndulo (cm)	Tiempo para 10 oscilaciones (segundos)	Periodo (segundos)
40		
60		
80		

• Al analizar la tabla de resultados, ¿qué deduces? Si aumenta la longitud del periodo, ¿disminuye el periodo de oscilación?

Qué sucedió

El tiempo empleado para las 10 oscilaciones del péndulo se incrementa conforme aumenta la longitud, es decir, que el periodo de oscilación de un péndulo de 80 cm es mayor que el periodo de oscilación de un péndulo de 40 cm de longitud. Por esta razón, en la tabla se debe observar que el periodo del péndulo se incrementa conforme aumenta su longitud. Esto puede explicar por qué los pasos de una persona alta son más lentos que los de una persona bajita o un niño, si se consideran las piernas como péndulos (figura C).

Figura C. Debido a que las piernas son más grandes en una persona alta, sus pasos son más lentos que los de una persona bajita.

Péndulos acoplados

En esta actividad se evidenciará que las oscilaciones de un péndulo se pueden transmitir a otro péndulo de igual longitud.

Qué necesitas

- Dos sillas
- Hilo cáñamo
- Cuatro pelotas iguales
- Cinta adhesiva
- Un metro

Qué hacer

- Coloca las sillas como se ilustra en la figura A. Únelas mediante un hilo cáñamo atado a sus respaldos.

- Arma cuatro péndulos con las pelotas, el hilo y la cinta adhesiva, el hilo debe ser de las siguientes longitudes: 0.80 m, 0.80 m, 0.60 m y 0.20 m.

- Ata al hilo transversal el extremo libre de los péndulos, como se ilustra en la figura A.

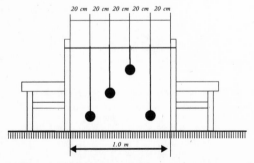

Figura A. El hilo transversal debe estar tenso y horizontal.
Cada 20 cm se ata un péndulo.

122

- Separa de su posición de equilibrio uno de los péndulos de 80 cm de longitud (el cual se denominará péndulo impulsor) y déjalo oscilar en un plano perpendicular al definido por los hilos, ¿qué es lo que observas en los otros péndulos?

- ¿Sucede lo mismo si el péndulo que pones a oscilar es el de 60 cm de longitud?

Qué sucedió

Al oscilar el péndulo impulsor de 80 cm de longitud, se observa que el movimiento inmediatamente se transmite al otro péndulo, de igual longitud; al cabo de poco tiempo, este segundo péndulo, al inicio en reposo, oscila con una amplitud relativamente grande pero menor que la dada por el péndulo impulsor; después, este segundo péndulo empieza a transmitir (regresar) su movimiento al impulsor, y así sucesivamente. Los otros péndulos no oscilan y si lo hacen es con una amplitud de oscilación muy pequeña. El hecho de que otro péndulo simple de igual longitud al primero se ponga a oscilar se debe al fenómeno de resonancia, el cual se presenta cuando los dos péndulos o sistemas tienen el mismo periodo de oscilación o frecuencia de oscilación.

¿Una deformación es un movimiento?

Si quieres conocer la respuesta a esta pregunta, coloca la letra *e* en los espacios en blanco en los siguientes párrafos.

Sí, pu__sto qu__ d__b__ consid__rars__ como tal la variación d__ posición d__ cualqui__r punto d__ un cu__rpo r__sp__cto a otro cu__rpo __mpl__ado como r__f__r__ncia, durant__ la d__formación.

Est__ tipo d__ movimi__nto g__n__ralm__nt__ no s__ __studia d__ntro d__l campo d__ la cin__mática, sino d__ la __lasticidad.

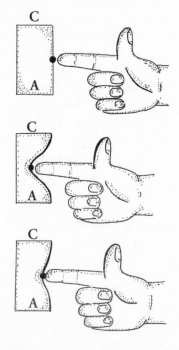

Figura A. Durante la deformación, la partícula A del cuerpo C se mueve.

124

¿Por qué las primeras bicicletas tenían una rueda delantera grande?

Las primeras bicicletas tenían una rueda delantera grande y una rueda trasera pequeña, como se ilustra en la figura A.

Figura A. Bicicleta de ruedas desiguales,
el pedal estaba unido a la rueda delantera.

Se construían de este modo, pues cada vuelta del pedal equivalía a un desplazamiento igual a la circunferencia de la rueda, de manera que entre más grande fuese la rueda, mayor sería su circunferencia, lo que implicaba que al dar una vuelta con el pedal se avanzaría más. Con el descubrimiento de la cadena de transmisión, ya no se tienen que construir bicicletas con ruedas desiguales.

Más sobre Galileo Galilei

Este científico publicó el libro *Discursos y demostraciones matemáticas acerca de dos ciencias nuevas*. En esta obra enunció el principio de la inercia que establece que un cuerpo en movimiento continuará en movimiento y que un cuerpo en reposo seguirá en reposo mientras no actúe ninguna fuerza sobre él o que la fuerza resultante sobre dicho cuerpo sea cero.

Si quieres saber en qué año publicó dicho libro, coloca en orden ascendente en las casillas en blanco los números que aparecen en las fichas.

El libro *Discursos y demostraciones matemáticas acerca de dos nuevas ciencias* fue publicado en el año de:

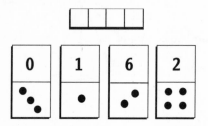

Los trabajos de Galileo iniciaron la revolución científica que cristalizaría con las leyes de la mecánica enunciadas por Isaac Newton

¿Por qué no se desplaza horizontalmente la moneda?

En esta actividad reconocerás a la inercia como una propiedad de los cuerpos que tiende a oponerse a un cambio en su estado de reposo.

Qué necesitas

• Un vaso de vidrio
• Una tarjeta de papel
• Una moneda

Qué hacer

• Coloca la tarjeta en la parte superior del vaso y encima la moneda, como se muestra en la figura A.
• Con el dedo índice golpea la tarjeta violentamente. Ésta se deslizará hacia otro extremo, ¿qué le sucede a la moneda?
• Ésta es una versión menos impactante que el truco que algunos magos realizan al quitar un mantel de la mesa sin que los cubiertos que se encuentran sobre él caigan al piso.

Figura A. Golpea violentamente la tarjeta y observa.

Qué sucedió

Un cuerpo continúa en su estado de reposo o de movimiento uniforme a menos que una fuerza actúe sobre él. Al golpear la tarjeta, la fuerza horizontal que actúa sobre la moneda es prácticamente nula, por lo que la inercia de la moneda la mantiene en su posición, pero al retirar la tarjeta y no haber nada que equilibre su peso cae al fondo del vaso. Esto sucede cuando el golpe que se le da a la tarjeta es rápido y fuerte.

La pila de monedas

En esta actividad verificarás que al golpear la moneda que se encuentra en la parte más baja de una pila, no provocan la caída de dicha pila.

Qué necesitas

- Once monedas de 10 pesos
- Una regla

Qué hacer

- Apila las 10 monedas sobre una superficie lisa como el vidrio o la formaica.
- Coloca la onceava moneda a dos centímetros de la pila, como se ilustra en la figura A.
- Da un golpe rápido a la moneda que se encuentra cerca de la pila en dirección a ésta, con tu dedo índice o medio, ¿qué sucede?

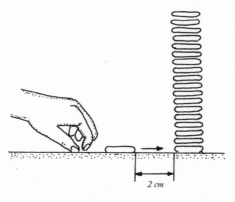

Figura A. Da un golpe fuerte y vigoroso a la moneda en dirección a la moneda que se encuentra en la parte baja de la pila.

- Acomoda nuevamente la pila y da un golpe fuerte y rápido con la regla a la moneda de la pila que está apoyada sobre la superficie. Para esto, la regla debe deslizarse sobre la superficie y su ancho no debe ser mayor que el de la moneda, ¿qué se observó en estas condiciones?

Qué sucedió

Se observa tanto con la moneda como con la regla que la moneda que está debajo de la pila saldrá disparada, y si el movimiento fue rápido, el resto de las monedas se quedará en su lugar.

La propiedad de la inercia evita que la pila de monedas caiga, a pesar de que la que se encuentra hasta abajo sale disparada. Es decir, si la pila de monedas no se encontraba en movimiento al principio, tenderá a seguir en reposo, pues no tiene la oportunidad de proseguir el camino de la moneda golpeada.

¿Un huevo obediente y un huevo desobediente?

En esta actividad diferenciarás un huevo crudo de uno cocido.

Qué necesitas

- Un huevo cocido
- Un huevo crudo

Qué hacer

- Toma el huevo crudo y hazlo girar rápidamente sobre sí mismo; una vez que lo logres, detenlo completamente con el dedo, pero retíralo de inmediato, ¿qué es lo que sucede?

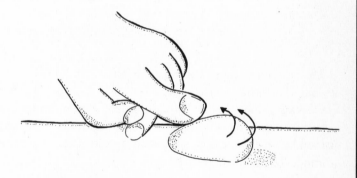

Figura A. Una vez que el huevo se encuentra girando sobre su eje, coloca tu dedo sobre él para detenerlo, pero retíralo inmediatamente y observa.

- Ahora toma el huevo cocido y gíralo rápidamente sobre sí mismo y detenlo con el dedo, como lo hiciste con el experimento anterior. Observa qué sucede después de que retiraste el dedo y compara este comportamiento con el que tuvo el huevo crudo cuando hiciste lo mismo, ¿a qué lo atribuyes?

Qué sucedió

Al tratar de girar el huevo crudo se tuvo dificultad. Sin embargo, el huevo cocido giró fácilmente al darle el impulso.

Una vez que se logró hacer girar el huevo crudo y se detuvo con el dedo, se observó que al quitar el dedo, el huevo continuó girando; este comportamiento podemos asociarlo a un "huevo desobediente". Por el contrario, al detener el huevo cocido y liberarlo, éste se mantuvo en reposo, pues se trata de un "huevo obediente".

El hecho de que se tenga dificultad para hacer girar el huevo crudo se debe a que al darle un impulso al cascarón y no estar unido éste a la clara y a la yema, éstas se oponen al giro debido a su resistencia a ponerse en movimiento, es decir, a causa de su inercia.

Una vez que se logró hacer girar el huevo crudo, éste no se detendrá fácilmente, pues aunque se pare el cascarón, la clara y la yema seguirán girando debido a su inercia. En cambio, en el huevo cocido, todo el líquido se ha solidificado formando una unidad con el cascarón, por lo que al inmovilizar el cascarón se inmoviliza también el interior.

¿Un huevo de pie?

En esta actividad identificarás la inercia como una propiedad que permite explicar por qué un huevo cocido se puede poner de pie al hacerlo girar y un huevo crudo no.

Qué necesitas

• Un huevo cocido (o duro)
• Un huevo crudo

Qué hacer

• Toma el huevo crudo e intenta ponerlo de pie haciéndolo girar suavemente con los dedos sobre una superficie lisa, como se muestra en la figura A; ¿qué es lo que se observa?

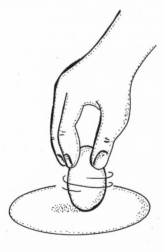

Figura A. Gira con los dedos el huevo crudo sobre su eje mayor, ¿qué observas?

- Repite esta operación en dos ocasiones más y registra lo que observas; ahora toma el huevo cocido y hazlo girar sobre su eje mayor, imprimiéndole un giro con los dedos, ¿qué es lo que se observa? Repite esta operación en dos ocasiones más.

Qué sucedió

El huevo cocido gira de pie y mantiene esta posición mientras da vueltas, pero el huevo crudo no se logra poner de pie, a pesar de que se incremente el impulso que se le da para hacerlo girar. Como el huevo cocido es un sólido rígido, una vez que empieza a girar la inercia lo mantiene así hasta que se consuma su energía mecánica. Por el contrario, el huevo crudo está lleno de líquido (clara y yema) que se opone desde su interior, al impulso que se le da en el exterior, al cambiar su estado de reposo e iniciar su movimiento, es decir, la inercia del líquido provoca que éste se resista a la acción de girar.

¿Es fácil levantar un ladrillo?

En esta actividad comprobarás que en ciertas condiciones no es posible levantar un ladrillo con un hilo.

Qué necesitas

- Un ladrillo
- Un lápiz
- Hilo delgado de algodón

Qué hacer

- Amarra un extremo del hilo de 60 cm de longitud al centro del lápiz y el otro extremo al centro del ladrillo, como se muestra en la figura A.

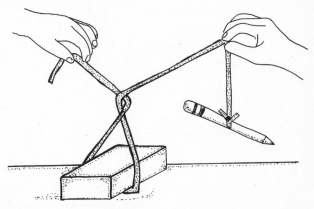

Figura A. El ladrillo y el lápiz con el hilo.

- Con el ladrillo en el piso, levántalo muy lentamente unos 4 cm, utilizando el lápiz como manija, ¿qué observas? (Figura B.)

- Baja con lentitud el ladrillo y, estando de nuevo en el piso, tira bruscamente hacia arriba el hilo, con intención de volver a levantar el ladrillo, ¿qué sucede en estas condiciones?

Figura B. Primero, levanta con suavidad el ladrillo y después bruscamente, ¿qué sucede en ambas situaciones?

Qué sucedió

El ladrillo es levantado cuando se jala con lentitud el hilo unido a él, ya que la fuerza que se ejerce es igual o ligeramente mayor que al peso del ladrillo. Sin embargo, cuando se jala bruscamente el hilo se rompe, pues se requiere una fuerza mayor para mover de modo repentino un cuerpo en reposo que para moverlo en forma gradual. Debido a la propiedad de la inercia, el ladrillo resiste el cambio brusco y el hilo se rompe al no resistir una fuerza grande.

Si se sale de Madrid a las 12 horas en avión, ¿se puede llegar a Nueva York a las 12 horas del mismo día?

Para la gran mayoría de las personas esto es imposible. Sin embargo, si se considera que a las 12 horas de Madrid son las 6 de la mañana en Nueva York y que el avión puede recorrer la distancia entre Madrid y Nueva York en seis horas, entonces cuando arribe a Nueva York serán exactamente las 12.

Si quieres saber a qué hora llegará nuestro avión a Nueva York, si el recorrido entre dicha ciudad y Madrid se hace en 4 horas, encuentra la salida del laberinto.

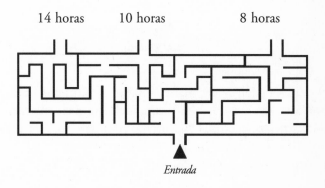

En este caso el avión llegará a las _____

¿Con qué rapidez se mueven los animales?

Los animales pueden ir de un lugar a otro, ya sea corriendo como los caballos, nadando como los tiburones, volando como las águilas o reptando como las víboras.

La máxima rapidez con que pueden volar, nadar, reptar o correr los animales depende de varios factores, como la naturaleza y estructura de sus músculos, los mecanismos que utilizan para impulsarse, las características de sus extremidades y la naturaleza del medio en que viven.

La rapidez de un animal se puede determinar si se conoce la distancia recorrida por éste y el tiempo empleado para recorrer dicha distancia y realizar la siguiente operación:

$$Rapidez = \frac{Distancia\ recorrida}{Tiempo\ empleado\ en\ el\ recorrido}$$

Vas a poder determinar la rapidez de los animales cuyos nombres aparecen en la siguiente tabla, pues en ella aparecen las distancias recorridas y el tiempo empleado para los recorridos, sólo tienes que hacer la división correspondiente. Los valores de rapidez que obtendrás se expresan en $\frac{kilómetros}{hora}$

La máxima rapidez de un guepardo es de 115 $\frac{kilómetros}{hora}$

Este valor de rapidez nos señala que en una hora el guepardo es capaz de recorrer 115 kilómetros.

Puedes utilizar la calculadora para hacer la división y obtener así la rapidez de cada animal.

Tabla. Cálculo de la rapidez de los animales

Animal	Distancia (kilómetro)	Tiempo (hora)	Rapidez (metros / segundos)
Avestruz	79.2	1	
Topo (bajo tierra)	0.02	2	
Halcón peregrino	180	0.5	
Pez vela	109	1	
Mariposa nocturna	162	3	
Orca	110	2	
Abeja	36	2	
Caracol	0.0072	1	

Una vez que hayas calculado la rapidez, contesta las siguientes preguntas.

De los animales que aparecen en la tabla, ¿cuál es el más rápido?

_____

¿Cuál se mueve más rápido, el avestruz o el pez vela?

_____

¿Cuál de los animales de la tabla es el más lento?

_____

¿Las aves en vuelo pueden dañar los aviones?

Se puede creer que las aves no son un peligro para un avión capaz de transportar cientos de pasajeros.

Sin embargo, como los aviones son capaces de desarrollar velocidades de 300 a 1388 m/s (1080 a 5000 km/h), el cuerpo de las aves puede perforar la cubierta de éstos o los cristales de la cabina del piloto o, si acierta a entrar por la tobera del motor, inutilizarlo por completo.

Si un ave se mueve en la misma dirección y sentido contrario al de un avión, el encuentro puede ser de consecuencias fatales, ya que las aves no les temen a los aviones y no se apartan de ellos.

A causa de un choque entre su nave y un pájaro, pereció el piloto estadounidense Theodore Fryman cuando realizaba un vuelo de entrenamiento en un avión a reacción.

Si quieres conocer el año en que sucedió este accidente, coloca en las casillas los números que están unidos a ellas mediante líneas.

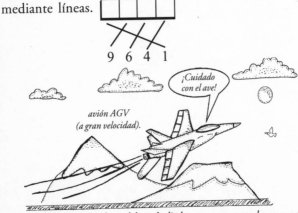

Figura A. Los pilotos deben eludir los encuentros con las aves a fin de evitar accidentes aéreos. Por esto, los aeropuertos deben construirse alejados de lugares donde las aves anidan.

¿Satélite estacionario?

Actualmente existen miles de satélites artificiales (se les llama así porque fueron hechos por el ser humano) girando en órbita alrededor de la Tierra, fueron lanzados por el ser humano con diversos propósitos: algunos para recabar información meteorológica, otros para información del Universo y para fines militares.

Algunos de estos satélites tienen un periodo de 24 horas, o sea, que vistos desde la Tierra se encuentran en el mismo lugar, es decir, "parecen inmóviles". Los satélites de comunicaciones son de este tipo y su órbita se sitúa sobre el ecuador terrestre y se ubican a una altura aproximada de 35.8 millones de metros de la superficie terrestre.

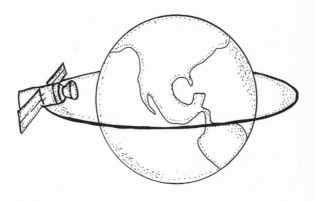

Figura A. Los satélites mexicanos Morelos y Solidaridad son geoestacionarios.

Si quieres saber el nombre con el que se conoce a los satélites artificiales con un periodo de 24 horas, coloca las vocales en los espacios en blanco de acuerdo con la clave que aparece en el recuadro.

Reciben el nombre de:

G				S	T		C			N	R			S
	2	4	2			1		3	4			1	3	4

Clave:
A=1   E=2   I=3   O=4

¿Sabías que los satélites artificiales no cuentan con motores para regresar a la Tierra y que muchos se han convertido en basura espacial, pues dejaron de funcionar para los fines para los que se diseñaron?

El ser humano, además de contaminar la Tierra, ya empezó a contaminar el espacio que le rodea

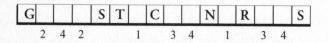

¿Cuántos aceleradores hay en un automóvil?

Seguramente dirás que un automóvil sólo tiene un acelerador, que es el pedal de la gasolina que recibe el nombre de *acelerador*.

Es conveniente señalar que dicho pedal se llama acelerador puesto que con él es posible incrementar el valor de la velocidad del automóvil. Sin embargo, debido a que en la ciencia el término *aceleración* se emplea para indicar un cambio en el valor de la velocidad, o un cambio en la dirección de la velocidad o un cambio tanto en el valor como en la dirección de la velocidad, entonces el *pedal del freno* también se considera un acelerador, ya que al desplazarlo, disminuye el valor de la velocidad. Si quieres conocer el nombre del otro acelerador del automóvil, coloca en las casillas las letras unidas a éstas mediante líneas.

Se trata de:

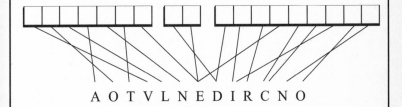

A O T V L N E D I R C N O

Figura A. El volante del automóvil cambia la dirección de éste durante su movimiento.

143

¿Puede la velocidad de un avión producir vértigo en sus pasajeros?

Es importante señalar que un avión en vuelo de crucero viaja a velocidad constante. En estas condiciones, los pasajeros en el interior del avión tendrán las mismas sensaciones que cuando el avión está en reposo sobre la pista. Mientras que el avión viaje a velocidad constante, la sensación de los viajeros es independiente de que su velocidad sea alta o pequeña.

Lo que puede provocar vértigo en los pasajeros de un avión son los cambios bruscos en el valor de la velocidad o la altura de éste.

Si quieres identificar dos periodos en los que los pasajeros de un avión pueden llegar a sentir vértigo, coloca las letras correspondientes de acuerdo con la clave.

Estos periodos son el $\underset{1}{\underline{\quad}}\ \underset{2}{\underline{\quad}}\ \underset{3}{\underline{\quad}}\ \underset{4}{\underline{\quad}}\ \underset{2}{\underline{\quad}}\ \underset{5}{\underline{\quad}}\ \underset{6}{\underline{\quad}}\ \underset{2}{\underline{\quad}}$ y el

$\underset{7}{\underline{\quad}}\ \underset{8}{\underline{\quad}}\ \underset{2}{\underline{\quad}}\ \underset{9}{\underline{\quad}}\ \underset{9}{\underline{\quad}}\ \underset{10}{\underline{\quad}}\ \underset{11}{\underline{\quad}}\ \underset{7}{\underline{\quad}}\ \underset{12}{\underline{\quad}}\ \underset{2}{\underline{\quad}}$

Clave:

1- D	5- G	9- R
2- E	6- U	10- I
3- S	7- A	11- Z
4- P	8- T	12- J

Figura. En el despegue del avión hay tantos cambios de velocidad como de altura. Estos cambios pueden afectar a algunos pasajeros.

Rozamiento

¿Es importante el rozamiento?

El rozamiento o fricción es un fenómeno que se presenta en gran variedad de situaciones. Si éste desapareciera, muchas de las situaciones ordinarias se desarrollarían completamente distintas.

Por ejemplo, si el rozamiento entre el piso y las suelas de tus zapatos disminuyera, de seguro que tendrías dificultad para caminar y para mantenerte en equilibrio. Esto quizá lo hayas constatado cuando has tratado de caminar en una pista de hielo o al salir a la calle cuando ha helado. Si el rozamiento no existiera, un vaso sobre una mesa ligeramente inclinada no podría permanecer en ella, ya que se deslizaría hacia la parte más baja (figura A). De la misma manera, los cuerpos de dimensiones grandes o los de pequeñas, como las de un grano de arena, no podrían apoyarse unos en otros; todos empezarían a resbalarse o a rodar hasta encontrarse al mismo nivel. Es decir, si no hubiera rozamiento, la Tierra sería una esfera sin rugosidades, o sea, sin montañas, y con una superficie como la de las gotas de agua.

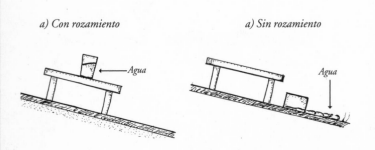

a) Con rozamiento a) Sin rozamiento

Agua Agua

Figura A. El rozamiento es importante.

No cabe duda de que el rozamiento, además de darnos estabilidad, nos proporciona la posibilidad de sentarnos, de trabajar sin temor a que los libros o los platos se caigan al suelo o de que la mesa se resbale hasta que tope con alguna pared o que un vaso se deslice entre nuestros dedos. ¡Qué bueno que existe el rozamiento!

Los londinenses, el 21 de diciembre de 1927, se pudieron percatar de lo grave que es que la fricción sea muy pequeña, pues debido a una fuerte helada el caminar y el movimiento de los autos y ferrocarriles se dificultó a tal grado que se provocaron numerosos accidentes y choques.

Si quieres conocer el número de personas que ingresaron a los hospitales con fracturas de brazos y piernas como resultado de dichos accidentes y choques, coloca en las figuras en blanco los números que coincidan con las figuras que aparecen en el recuadro.

Esa noche se fracturaron las piernas y los brazos

○ □ △ △ personas

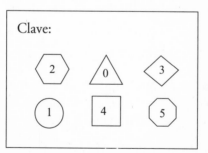

Es importante señalar que en ciertas situaciones es conveniente disminuir el rozamiento. ¡Pregúntale a los ingenieros!

¿Puede ir el ser humano de un lugar a otro sin apoyo?

Muchas personas piensan que los seres vivos no necesitan de ningún apoyo para ir de un lugar a otro. Sin embargo, la realidad es otra, pues para andar los seres humanos tomamos impulso al empujar el suelo con los pies; si este último es demasiado liso, o está cubierto de hielo o de aceite, no se encuentra apoyo y no se puede andar y menos correr.

Es decir, que para andar el ser humano debe ejercer una fuerza sobre el piso en el que camina, lo cual propicia la fuerza que ejerce el piso sobre los pies; esta fuerza es de igual magnitud a la que ejerció el pie de la persona, pero de sentido contrario.

Cuando nada el ser humano, el empuje necesario para avanzar lo recibe del agua al bracear en ella. O sea, que cualquiera que sea el medio en que se mueva una persona, se apoya en él para hacerlo.

A la salida del laberinto encontrarás el esquema en el que se indica la dirección de la fuerza que actúa sobre una persona al momento de caminar. La fuerza es representada por una flecha.

La fuerza que impulsa al ser humano
al caminar es la fuerza de fricción entre
las suelas de los zapatos.

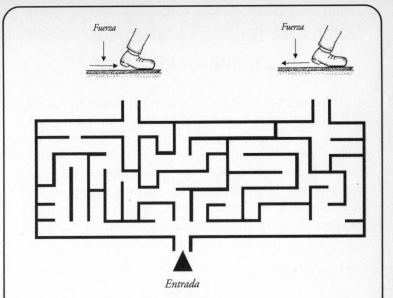

Fuerza   *Fuerza*

Entrada

149

¿Por qué hay que dar pasos cortos al caminar sobre hielo?

Cuando caminamos por un piso normal no tenemos problemas para hacerlo; podemos dar pasos pequeños o pasos grandes sin caernos. Sin embargo, si estamos sobre un piso de hielo, caminar sobre él no es un asunto sencillo, pues realmente es difícil. Si intentamos dar pasos grandes nos resbalamos y caeremos, pero si se dan pasos pequeños de manera que la línea vertical imaginaria que pasa por nuestro centro de gravedad caiga en nuestros pies no caeremos y avanzaremos (figura A).

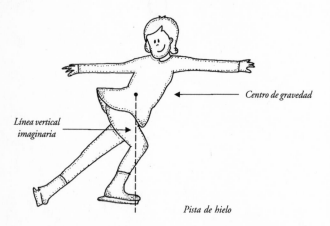

Centro de gravedad

Línea vertical imaginaria

Pista de hielo

Figura A. Al caminar sobre el hielo debemos procurar que la línea vertical imaginaria que pasa por el centro de gravedad caiga en nuestros pies o entre nuestros pies.

Si quieres saber qué fuerza es la que nos permite desplazarnos al caminar en los pisos de madera, granito, arena, tierra, etc., une adecuadamente las letras que se encuentran en las figuras hasta que obtengas un rectángulo.

F C I I N C O R

Se trata de la ⬜⬜⬜⬜⬜⬜⬜⬜

Fuerza de fricción

Piso

Figura B. La fuerza de fricción nos impulsa al caminar.

¿Qué sucedería si desapareciera el rozamiento?

Seguramente has escuchado que los ingenieros procuran evitar el rozamiento de las máquinas, pues hablan del rozamiento como un fenómeno indeseable, y es cierto, pero sólo dentro de un estrecho campo especial.

Sin embargo, en todas las demás situaciones debemos estar agradecidos por el rozamiento, ya que nos permite andar, sentarnos, tomar un vaso con agua entre nuestros dedos, etcétera.

Si quieres saber qué sucedería si el rozamiento dejase de existir, coloca la letra "a" en los espacios en blanco de los siguientes párrafos.

- Los cl__vos y los tornillos se s__ldrí__n de l__s p__redes.
- No se podrí__ sujet__r n__d__ con l__s m__nos.
- Los sonidos no dej__rí__n de oírse j__m__s y producirí__n ecos sin fin.
- No podrí__mos c__min__r
- No se podrí__ trep__r por un__ cuerd__.

Así como no se podrían hacer muchas otras cosas sin la fricción, tampoco existirían las montañas.

¡Qué bueno que existe la fricción!

Figura A. Sin fricción no se podría escalar.

¿Jalar una hoja con otra hoja?

En esta actividad aprenderás a jalar una hoja con otra hoja.

Qué necesitas

- Dos hojas tamaño carta
- Un vaso de unicel pequeño
- Agua
- Superficie lisa

Qué hacer

- Coloca una hoja de papel sobre una superficie lisa y ponle encima la otra.
- Jala la hoja de arriba, ¿se desplaza la de abajo?
- Vuelve a colocar las hojas una sobre otra y encima pon un vaso de unicel vacío. Jala suavemente la hoja de arriba, sin que se caiga el vaso; ¿es arrastrada la hoja de abajo?
- Estando juntas nuevamente las hojas pon el vaso de unicel con agua encima de ellas y jala con suavidad la hoja superior, como se muestra en la figura A; ¿qué le sucede a la hoja de abajo?

Figura A. Jala suavemente la hoja superior
sin que se caiga el vaso con agua.

153

Qué sucedió

Cuando jalas la hoja de arriba, la hoja de abajo permanece inmóvil, aun cuando se coloque el vaso de unicel vacío encima de ellas. Sin embargo, la hoja de abajo es arrastrada cuando se jala la de arriba y el vaso de unicel contiene agua y está encima de ellas. Debido al peso del agua contenido en el vaso, la hoja de arriba ejerce una presión sobre la de abajo, incrementando así la fuerza de fricción entre las dos hojas cuando se intenta deslizar una sobre la otra. Esta fuerza de fricción es la que arrastra a la de abajo.

¿Cómo disminuir el rozamiento?

En esta actividad identificarás qué se puede hacer para disminuir la fricción o rozamiento entre dos cuerpos.

Qué necesitas

- Un ladrillo
- Una caja de zapatos
- Doce lápices redondos
- Cuatro ligas
- Una regla

Qué hacer

- Enlaza las ligas como se muestra en la figura A.

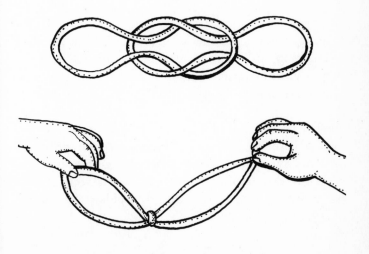

Figura A. Anuda las cuatro ligas como se ilustra.

- Haz una perforación con el lápiz en la caja y pasa una liga por el hoyito, de manera que al pasar el lápiz entre la liga, la caja quede unida a las ligas, como se muestra en la figura B.

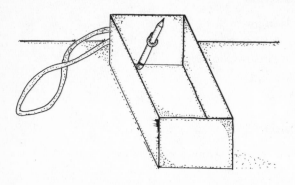

Figura B. Las ligas se unen a la caja mediante el lápiz.

- Estando la caja con el ladrillo en su interior, sobre la superficie de una mesa jala el otro extremo de las ligas. Observa qué tanto se estiran éstas antes de que la caja empiece a moverse. Con la regla mide el alargamiento ($l_1 = $ _____ cm).

- Ahora coloca los 11 lápices debajo de la caja con el ladrillo, como se ilustra en la figura C, y jálala con el otro extremo de las ligas. Observa nuevamente qué tanto se estiran justo antes de que la caja empiece a moverse. Con la regla mide el alargamiento ($l_1 = $ _____ cm). ¿Este último alargamiento es menor que el anterior? Explícalo.

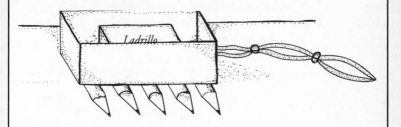

Figura C. Los lápices debajo de la caja funcionaron como rodillos.

Qué sucedió

El alargamiento de las ligas es menor cuando la caja se jala con los lápices entre ella y la superficie de la mesa, ya que de esta manera se reduce la fricción.

Es importante señalar que la fuerza necesaria para empezar el movimiento de un cuerpo es mayor que la fuerza que se aplica una vez iniciado su movimiento. Esto se debe a que la fuerza de fricción, justo antes de principiar el movimiento, es mayor que la fuerza de fricción entre dos cuerpos en movimiento.

La fuerza de fricción entre dos superficies en contacto puede ser disminuida si se colocan rodillos o balines entre dichas superficies.

COLECCIÓN CIENCIA PARA NIÑOS

COLECCIONES

Belleza
Negocios
Superación personal
Salud
Familia
Literatura infantil
Literatura juvenil
Ciencia para niños
Con los pelos de punta
Pequeños valientes
¡Que la fuerza te acompañe!
Juegos y acertijos
Manualidades
Cultural
Medicina alternativa
Clásicos para niños
Computación
Didáctica
New Age
Esoterismo
Historia para niños
Humorismo
Interés general
Compendios de bolsillo
Cocina
Inspiracional
Ajedrez
Pokémon
B. Traven
Disney pasatiempos
Mad Science
Abracadabra
Biografías para niños
Clásicos juveniles

Si quieres experimentar... en casa... puedes empezar con mecánica
Tipografía: *ABC, Taller de diseño, edición e impresos sociales*
Negativos de portada: *Scaner Graphics S.A.*
Negativos de interiores: *Daniel Bañuelos*
Impresión de portada: *Editores Impresores Fernández S.A. de C.V.*
Esta edición se imprimió en febrero de 2004,
en *Editores Impresores Fernández S.A. de C.V. Retorno 7-D Sur 20
No. 23 México, D.F. 08500*